新雅
名人館

…勤奮的天才科學家…

牛頓

編著 馬翠蘿

新雅文化事業有限公司
www.sunya.com.hk

新雅 • 名人館

勤奮的天才科學家 **牛頓**

編　　著：馬翠蘿
內文插圖：鄒越非
封面繪圖：李成宇
策　　劃：甄艷慈
責任編輯：陳友娣
美術設計：何宙樺
出　　版：新雅文化事業有限公司
　　　　　香港英皇道499號北角工業大廈18樓
　　　　　電話：（852）2138 7998
　　　　　傳真：（852）2597 4003
　　　　　網址：http://www.sunya.com.hk
　　　　　電郵：marketing@sunya.com.hk
發　　行：香港聯合書刊物流有限公司
　　　　　香港新界大埔汀麗路 36 號中華商務印刷大廈 3 字樓
　　　　　電話：（852）2150 2100
　　　　　傳真：（852）2407 3062
　　　　　電郵：info@suplogistics.com.hk
印　　刷：中華商務彩色印刷有限公司
　　　　　香港新界大埔汀麗路 36 號
版　　次：二〇一七年十月二版

ISBN: 978-962-08-6912-9
© 2002, 2017 Sun Ya Publications (HK) Ltd.
18/F, North Point Industrial Building, 499 King's Road, Hong Kong
Published and printed in Hong Kong

前言

　　牛頓，英國著名的科學家、物理學家、數學家，他建立的新科學理論大大促進了世界文明的進步，影響力持續數個世紀，至今不衰，因而獲人們稱譽為「人類歷史上最偉大的科學家」。

　　牛頓生長在英國一個普通農民家庭，他自小就喜歡動腦筋做各種手工藝。考入劍橋大學之後，他更加刻苦學習。大學畢業後，他因成績優異而獲准留校工作，自此致力研究，最終在科學領域取得了非凡的成就。

　　在數學上，他創立的微積分已成為描述物理世界的基本數學工具。在光學上，他發現了太陽光的光譜，發明了反射式望遠鏡。在物理力學上，他提出了作為近代物理學基礎的力學三大運動定律和萬有引力定律，創立了完整的新物理學體系。現時，牛頓的三大運動定律成了我們物理課本的基本內容，也成了指導我們進行科學實踐的準則。還有在天文學上，他發現的萬有引力定律，改變了人們對宇宙的狹義認識。再加上，他所著的《自然哲學的數學原理》一書，是近代科學史上的重要著作。

牛頓的成就多如繁星，隨便舉一項出來，都足以令他名垂千古。可是，他卻從不滿足已有的成績，不斷地創造出一項又一項的驚人成就！

　　牛頓自小就很聰明，但如果他只是着眼於那些手工藝玩意，敲敲打打，而不去深入探討科學的真諦，或者仗着有天分就不去努力，他充其量只是一個在鄉村裏少有名氣的農夫罷了；如果他進了著名學府劍橋大學之後，認為考試合格、拿個文憑，能夠混口飯吃就心滿意足，那他也絕對不會成為人類歷史上最偉大的科學家！

　　牛頓的成功經歷，正好印證了「成功是百分之一的天才，加上百分之九十九的努力」這句至理名言。

目錄

一 能幹的「小木匠」

牛頓[1]誕生在英國北部林肯郡一個名叫伍爾索普的村莊，那一天，正是一六四二年的聖誕節。

牛頓是個早產兒，在他出生前三個月，父親依撒克‧牛頓不幸因病去世，媽媽漢娜悲痛欲絕，導致牛頓早產。他出生時只有三磅重，比正常體重的嬰兒足足輕了一半。他連哭的力氣都沒有，還不時地痙攣着。前來幫忙的鄰居婆婆不住地歎氣，説：「我六十多歲了，見過不少孩子，但這麼弱小的孩子，還是第一回看見，真不知他能不能熬過去。」

---

[1] **牛頓**：當時歐洲地區有使用「儒略曆」或「格里曆」的分別，兩者相差十天左右，所以牛頓的出生和死亡時間有兩種説法。如按照儒略曆的計法，牛頓生於 1642 年 12 月 25 日，死於 1727 年 3 月 20 日；如按照格里曆的算法，則是生於 1643 年 1 月 4 日，死於 1727 年 3 月 31 日。格里曆又稱新曆、西曆、公曆，是現今國際通行的曆法，而英國在 1752 年才從儒略曆改為使用格里曆。

母親漢娜卻一點也沒有放棄，她用自己的全部母愛、全部精力，到處尋醫問藥、細心護理和照料兒子，硬是讓那奄奄一息的小嬰兒奇跡般地活下來了。

漢娜為了紀念死去的丈夫，給小嬰兒起名為依撒克‧牛頓。

相信這時候的漢娜沒有想過，她會是一位多麼傑出的母親！因為她的堅持和偉大的母愛，造就了一個震驚世界的天才科學家牛頓。正因為有了牛頓在多方面卓越超羣的貢獻，世界上的科學歷史進入了一個新時代。

牛頓出生的伍爾索普是一個偏僻的小村莊，他們的家族已經在這裏生活了幾百年。這裏遠離喧囂的城市，寧靜而秀美，牛頓就在這裏度過了他的童年生活。當時英國政局不穩，平民生活艱難。牛頓的母親難以一人承擔家庭重擔，後來她只好改嫁給一位史密斯**牧師**。

牧師：

新教（又叫基督新教）的神職人員，負責教徒宗教生活和管理教堂事務。

媽媽走了，留下牛頓和外祖母相依為命，這一年，牛頓還不到四歲。

牛頓好想媽媽啊！他常常趴在窗口，呆呆地看着田野的盡頭，希望那裏會突然出現母親的身影，會看到媽媽慈祥的笑容。他也常常羨慕地看着天上飛翔的小鳥，要是

自己有翅膀多好，那就可以馬上飛到母親的身邊了。

漢娜隔一段時間就會回來看望兒子，新丈夫史密斯在經濟上給予了極大的支持，使小牛頓的衣食有了保障，日子比以前好過多了。但小牛頓總不理解，為什麼媽媽要離開他？沒有媽媽在家的日子，是多麼不開心啊！

外祖母要操持家務，根本沒有時間陪他。牛頓為了打發漫長的時間，就跑到雜物房裏看看有什麼好玩的東西。他在一個箱子裏找到一把鐵錘、一把鋸子，還有一些釘子，就乒乒乓乓地一天到晚在那裏鋸呀敲呀，居然給他做成了一個奇形怪狀的小箱子。牛頓高興地拿給外祖母看：「外婆，外婆，看我做的箱子多漂亮！」

外祖母一看，那箱子釘得歪歪斜斜的，一用力準會四分五裂，但她並沒有取笑牛頓，反而大加讚賞：「啊，我的小孫子真能幹！你可以把這漂亮的箱子送給我裝東西嗎？」

牛頓聽了笑得合不攏嘴：「當然可以！您喜歡就送給您好了。」

外祖母的讚揚給了牛頓很大的鼓勵，從此，他一有空就跑進雜物房。這雜物房簡直成了他的工作間了，他在裏面敲敲打打，手藝越來越熟練，製作的東西也越來越精巧。他把自己的「作品」用來放小玩具，用來放圖

書，用來送給外祖母放置各種雜物，他感到很滿足、很開心。

牛頓七歲了，外祖母準備把他送去學校讀書。但是，牛頓性格很內向，不喜歡跟人接觸，而且，他也實在捨不得離開那個「工作間」。

他對外祖母說：「外婆，我可以不去上學嗎？」

外祖母哄他說：「上學可好玩呢，老師會教你做各種好玩的東西！」

牛頓一聽，馬上歡天喜地地上學去了。可是，那間鄉村小學並不是他想像中那麼好，那裏的教育很不正規，學的東西十分沉悶，老師還常常很兇地教訓人。有一次，牛頓上課的時候不留心，被老師狠狠地抽了兩鞭子。

牛頓的心情糟透了，他每天坐在課室裏，心思卻飛到外面去了，真想馬上溜回家，做他的小玩意兒。

有一天，牛頓放學回家，在路上見到一輛漂亮的馬車從他身邊急駛而過。牛頓眼饞地看着，心裏想，坐在這車子上，一定好玩極了，要是自己也有一輛，那該多好啊！

一個念頭在牛頓腦子裏掠過：我可以自己做一輛呀！他馬上撒腿往家裏奔，一直跑到他的「工作間」裏。

他先是拿出紙筆畫呀畫的，接着又搬出那些鋸子、

錘子、釘子，乒乒乓乓地敲個不停。一個星期之後，他居然順利地做出了一輛有四個輪子和簡單刹車裝置的小車。外祖母對此自然又是讚不絕口。

牛頓除了喜歡做各種手工藝品，還喜歡觀察自然界的各種現象。他對什麼都有濃厚的興趣。

「為什麼小鳥可以在天上飛？」

「為什麼鴨子可以在水裏游？」

「為什麼天上的雲會動？」

年老的外祖母常常被他問得啞口無言，不知該如何回答。

有一天，牛頓在院子裏看書。太陽很猛烈，幸好院子裏有一棵很高大的樹，他就在樹蔭處坐了下來。過了一會兒，陽光又照過來了。牛頓就挪過了一些，繼續看書。但太陽好像要跟他開玩笑一樣，不一會，陽光又曬在他身上。

牛頓乾脆放下書，細心觀察起陽光和樹影來。他發現了一個很有趣的現象：隨着陽光的移動，樹影也在移動；影子的長短變化，和太陽的位置有很大的關係。

從那天起，外祖母也發現了一個奇怪的現象，每天中午放學，牛頓不再喜歡泡在雜物房了，改為跑到院子裏，入神地看着地上的樹影，呆呆地想着什麼。後來，

他又不知從哪裏搬來了一塊大石頭，在上面鑿呀鑿的，不知搞什麼名堂。

外祖母雖然覺得奇怪，但沒有多問，因為牛頓本來就是個與眾不同的怪孩子，總是有許多古怪的舉動。

有一天中午，外祖母向院子裏的牛頓叫道：「小乖孫，吃飯了！」

牛頓反問道：「外婆，怎麼今天這麼早吃飯？」

外祖母馬上愣住了。她今天下午要出去辦點事，特意提早了吃午飯，可是，牛頓是怎麼知道的呢？她走到院子裏，問：「你怎麼會知道早了吃飯呢？」

牛頓指着那塊擺弄了好多天的大石頭，説：「外婆您看，這是我做的時間測量器，昨天您叫我吃飯的時候，影子是在這裏的，今天的位置卻在這裏，所以我知道您把吃飯時間提前了。」

原來牛頓在石頭的邊緣標上刻度，然後把一根小木棒插在石頭中央。當太陽光照射到木棒時，木棒的影子就停留在某一刻度上，這樣就知道相應的時間了。

外祖母看看小孫子做的**日晷**，驚訝得不相信自己的眼睛，好一會，她

知識門

日晷：

也叫日規，是利用太陽投射的影子來測量時間的儀器。一般是在標有刻度的盤中央，裝有一根與盤面垂直的金屬棒。晷，粵音軌。

才摸着那神奇的「時間測量器」，樂呵呵地笑道：「我的好孫子，你真是個手巧的『小工匠』啊！」

小牛頓的天賦，不斷地在他製造的各種小物品中表現出來。

牛頓把所有的精力都放在製造自己的一件件「作品」上，所以對學習一直很不重視，上了幾年學，除了數學成績還可以外，其他科目都幾乎沒有什麼進步。結果，他成了班裏成績最差的一個，同學們都很看不起他。這更令他對學習失去信心，甚至開始自卑起來。

有一天，牛頓推着自己做的那輛小車出去玩。他把車子拉到山坡頂上，自己坐到裏面去，然後讓車子順着山坡滑下去，耳邊的風聲「呼呼」地響着，好玩極了！車子正好停在了河邊的磨房門前，這時牛頓在小河邊發現了一輛**水車**。這水車有趣極了，在河水的沖擊下，輪子隨着河水的節奏晃悠晃悠地轉，推動着磨麵機也咕嚕咕嚕地轉動着。牛頓蹲下來，着迷地看了半天，心裏想：

知識門

水車：
汲水用的木製轉轆，以水力推動，多在鄉村使用。

「水車真了不起，能帶動那麼笨重的磨麵機！我回去也要做一輛！」

從那天起，他無論走路、吃飯、上課，都想着那水

車，一有空就跑進「工作間」，敲呀打呀的，連飯都忘了吃。終於有一天，他把水車做出來了！牛頓把小水車帶到學校裏去，他要讓同學們知道，自己並不是他們想像中的笨孩子。

「牛頓會做水車呢！」這件事在學校引起了轟動，同學們紛紛跑來看牛頓製造的水車。

「啊，真厲害！牛頓，真是你做的嗎？」

「多好看的水車！」

同學們都圍着牛頓，發出各種各樣的驚歎。

有同學問：「牛頓，這水車真能用嗎？」

牛頓說：「當然能！我們這就去河邊試試。」

牛頓和同學們一起來到小河邊，把水車放進小河裏。小水車就順着水流，咕嚕咕嚕地轉了起來。

「成功了！成功了！」那些同學都高興得拍起手來。

牛頓一下子成了大家心目中的萬能「博士」，同學們圍着他問這問那，熱鬧極了。

沒想到，這卻惹惱了牛頓的一個同學。這個同學一向成績很好，是學校裏的尖子，所有同學都將他當偶像一般崇拜。他平日就最瞧不起功課不好的牛頓，現在見到許多人都擁到牛頓身邊，好像忘記了他的存在，不禁又忌妒又生氣。他粗魯地撥開人羣，走到牛頓面前，輕

蔑地説：「會做水車有什麼了不起，你能説出水車轉動的原理嗎？」

這可把牛頓給難住了，他還真沒想過這個問題呢！

那個同學繼續挖苦道：「果然什麼都不懂！哼，只知道瞎做，你只不過是一個笨木匠罷了。」

牛頓被他那番話羞得無地自容。

一些剛剛還在稱讚牛頓的人，現在卻跟着起哄了。那個同學見有人附和，更得意了，他竟然抬起腳，朝着牛頓狠狠地踢過去。

牛頓痛極了，「唉喲唉喲」地叫起來。以前牛頓也被同學欺負過，由於他性格內向，遇事都是忍氣吞聲的，但這次牛頓不願再忍了！

他像隻怒吼的小獅子般大叫一聲，然後向那同學撞過去，那同學立刻跌了個四腳朝天。牛頓的怒火還未消，他騎在那同學身上，發瘋似地打着。同學們都看呆了，那同學急忙用手抱着頭，哀叫着：「別打了！別打了！是我錯，是我不好！」

牛頓這才住了手，那同學趕緊爬起來，狼狽地逃走了。

這次事件喚起了牛頓強烈的自我意識，他明白到，只要勇敢面對，只要對自己有信心，是沒有解決不了的

問題，沒有闖不過的難關的。學習是這樣，與人相處也是這樣。

從那天起，牛頓像變了個人似的，他重拾自信心，發奮學習，終於成了全班最優秀的學生。

後來，當牛頓成了偉大的科學家，回憶起這件童年往事時，還感慨地說：「其實我還得感謝那個同學呢！要不是他那一腳，也許我現在還只是個光會敲敲打打的小木匠。」

想一想

1. 牛頓的第一件「作品」做得怎樣？外祖母的反應是怎樣的？
2. 為什麼牛頓說要感謝那個打他的同學？

二　小鎮裏的大發明家

一六五四年，十二歲的牛頓以優異的成績小學畢業了。那曾經打了他兩鞭子的老師，摸着牛頓的頭，有點依依不捨的樣子。他對前來參加畢業典禮的牛頓外祖母和舅舅說：

「這孩子天資聰穎，能讀書，我建議你們讓他繼續升學。」

任職牧師的威廉舅舅是在**劍橋大學**畢業的，他常常為自己最終沒能成為一個學者而遺憾。所以，他覺得不能讓這遺憾再在下一代身上發生，他決定讓牛頓升讀中學。

可惜，伍爾索普是一個偏僻、落後的村莊，村裏根本沒有中學。唯一一所中學，是離這裏二十多公里遠的格蘭薩姆鎮。要是步行的話，得走兩、三個小時呢！要牛頓這樣每天來來回回地上學讀書，也不是辦法！

正當外祖母和舅舅為牛頓升學的事發愁的時候，牛

知識門

劍橋大學：
英國著名的大學，位於英國東部，始創於十二世紀。現時擁有31所學院、3所研究生院，是世界上最負盛名的大學之一。

頓的母親漢娜也因此事專程回到了伍爾索普村。她決定
讓兒子到格蘭薩姆鎮找自己小時候的朋友克拉克夫人，
在她那裏寄宿。

就這樣，牛頓告別了相依為命的外祖母，一個人去
到了格蘭薩姆鎮讀中學。

牛頓寄宿的那家人，男主人克拉克先生是個有學識
的藥劑師，在格蘭薩姆鎮上很有名望。克拉克夫婦都很
和善，對牛頓也很照顧，所以牛頓在他們家生活得很愉
快。牛頓在他們家裏，仍然忘不了做手工的愛好。他常
常運用空閒時間，為克拉克夫婦修理一些損壞的家具，
或者做一些小發明送給他們和鄰人。克拉克夫婦很欣賞
他的創造能力，給他很大的支持和鼓勵。

每天，牛頓一放學就會馬上回家，一頭扎進克拉克
先生的書房裏。在那裏，他什麼書都愛看，因為他能在
書本裏找到許多問題的答案。是啊，以前自己的發明，
只是把它做出來而已，卻不明白當中的道理。自從那次
因為說不出水車的原理而被別人奚落之後，自己就曾發
誓，從今以後，一定要把一切道理都弄通、弄懂。因此
他如飢似渴地閱讀許多科學書籍，對那本《自然和藝術
的秘密》更是愛不釋手，百看不厭。

克拉克夫婦有個女兒叫安娜，年齡跟牛頓差不多。

安娜很喜歡牛頓的勤奮、腼腆，便主動邀他出去郊遊。

　　有一次，安娜帶他去看聳立在小山頂上的風車。在去的路上，牛頓滔滔不絕地給安娜講書上神奇的故事，說得安娜一時哈哈大笑，一時緊張地追問，不一會兒，他們就到了山頂。

　　安娜一見到山上那些五彩繽紛的花兒，就心花怒放了，立即跑過去摘花兒，編花環玩。而牛頓卻鑽進風車塔裏，上上下下地看了又看，像着了魔似的。不知不覺，太陽快要落山了，牛頓還在風車塔裏，他們還沒吃午飯呢！安娜餓得受不住，好不容易才把牛頓拉走，一起下山。

　　在回家的路上，他們一直默默無語。牛頓像在數路上的石頭似的，低着頭在沉思。頭戴花環、手擁花束的安娜卻不高興地噘着嘴巴，嘟嘟嚷嚷着：「真是個書呆子。」不過，看似無心的牛頓，卻把這位天真爛漫的安娜姑娘銘刻於心。他在晚年時，還常回憶起那些與安娜一起玩耍的快樂日子。

　　一回到家，牛頓就躲進自己的房間，入神地回想着山頂上的那座風車。風車要是沒有風也能轉動，該多好啊！他決定自己做一架漂亮的風車！為了弄明白風車轉動的原理，他找來許多資料，一連幾天鑽了進去。

牛頓決定先做一個實驗。開始時，他做了許多風箏放到天上，藉此研究氣流和風力的情況。掌握了許多資料之後，牛頓才動手製作風車模型。克拉克先生見他這些天老是呆在房間，連吃飯都要催幾次才出來，就跑去看看這孩子在搞什麼名堂。只見房間的地上散着木板、棍子和帆布，就好奇地問牛頓在做什麼。

牛頓說：「我在做風車模型呀！」

「風車？」克拉克先生真有點不相信自己的耳朵。

「是呀，就是能轉動、能磨麵粉的風車呀！」

「這孩子，真是異想天開！」克拉克先生嘀咕着走了。一個十二、三歲的孩子，想靠自己的力量做一架風車出來，這可能嗎？

可是，幾天之後，牛頓真的把風車做出來了！克拉克夫婦看着那架做工精細的漂亮風車，覺得這件事太不可思議了，他們都由衷地佩服這個聰明又勤奮的孩子。

克拉克先生請牛頓把風車裝在藥房的屋頂上。一陣風吹過，風車的葉片馬上轉動起來，克拉克夫婦和安娜都高興得歡呼起來。

鎮上的人看見藥房屋頂上的風車，都讚歎不已，說這是全鎮做得最漂亮的風車。不久，人們又發現牛頓的風車不但漂亮，而且很神奇。每當沒有風，全鎮的風車

都靜止不動的時候，牛頓的風車居然還在呼呼地轉着！好奇的人們全跑到藥房，看看是怎麼回事。

牛頓笑着帶了幾個年輕人上屋頂，把風車下面的箱子打開給他們看，那些年輕人馬上哈哈大笑起來。原來，箱子裏有幾隻小白鼠，正繞着風車的中心軸棒團團轉。這樣，即使沒有風，只要小白鼠在跑，風車就一樣會轉動。

這件事很快就傳開了，人們都欽佩地把牛頓稱為「大發明家」。

不久，他又給格蘭薩姆鎮的人帶來了一個新的驚喜。他為克拉克夫人發明製作了一個水鐘，由於這個水鐘造法有趣，而且比沙漏更能精確地計算時間，所以又一次轟動了全鎮，克拉克家每天都擠滿了來參觀的人。

一六五六年，牛頓母親的第二任丈夫史密斯牧師去世了。她帶着兒子傑明、女兒瑪麗和哈娜搬回伍爾索普定居。

周末的時候，牛頓回到伍爾索普村，母親帶着弟弟妹妹站在門口迎接他。媽媽還是從前那個慈祥的模樣，可是牛頓已經不是那個拉着媽媽衣角的小男孩了。由於跟媽媽聚少離多，再次相聚，令牛頓多少有點不習慣，不過，他倒是很快與三個弟妹建立了感情。

弟弟妹妹把這個和善又手巧的哥哥簡直當成了偶像，每天睜開眼，第一件事就是跑去找哥哥玩。牛頓會做各種好玩新奇的小玩意兒，令弟弟妹妹一天到晚笑聲不斷，這使漢娜很欣慰。

漢娜發自內心的母愛，弟弟妹妹的手足情深，使牛頓得到許多家庭溫暖。從此，周末回家成了他最開心的日子。

漢娜回到伍爾索普村後，抱着重振家業的信心，開始打理牛頓家的田地。外祖母年歲已高，兒子傑明才七、八歲，幫不上忙，兩個女兒還需要人照顧，所以家中事無大小，都是漢娜一人承擔。只是她體弱多病，許多事情做起來都覺得力不從心。對漢娜來説，目前最好的幫手要算是已經十三歲的牛頓了。但是，她知道牛頓是一個有志向、有出息的孩子，要他放棄學業回來務農，未免太委屈他了。想來想去，她最後決定給牛頓寫一封信，把家裏的情況告訴他。至於牛頓回不回來，由他自己決定。

牛頓把母親的來信看了又看，其實母親的辛勞他早就看在眼裏，也很想為母親分憂解難，只是他一直不想放棄學業。母親的來信雖然很委婉，但字裏行間，卻可以感受到她是多麼熱切地盼望兒子回來。孝順的牛頓終

於下了決心，決定暫時輟學，回到母親身邊去。

　　克拉克先生知道了牛頓的決定後，覺得十分可惜。他清楚地知道，牛頓實在是一個不可多得的天才孩子，將來一定會有很大的成就。如果他放棄學業回家務農，實在是浪費了人才。不過，他也知道牛頓家裏的情況，明白牛頓這樣做的原因。他歎口氣説：「回去也好。你媽媽一個人撐着整個家，實在太艱難了。」

　　學校方面接到牛頓輟學的申請後，千方百計要挽留他，但牛頓去意已決，校方只好批准了。

　　牛頓答應回家幫忙，母親十分高興，她那張愁苦的臉上從此有了笑容。鄰居們也都大讚牛頓孝順，為了家庭，肯捨棄學業。牛頓見到媽媽開心，就覺得自己不管犧牲有多大，都是值得的。

　　牛頓開始學習農活，他像做每項發明一樣，希望將每件工作做到盡善盡美。可惜，他做田裏的工作遠不如做手工好，不但幫不了多少忙，反而給母親添了許多麻煩。母親並沒有責備他，只是默默地在他的背後，替他善後處理。

　　有一次，媽媽交給牛頓一匹馱着**麥子**的馬，叫他把麥子送到鄰村一個顧客家裏。牛頓牽着韁繩，一路走，

知識門

麥子：

可分大麥、小麥，一年生或二年生草本植物，可磨成麵粉，也可用來製糖或釀酒。

23

一路又想起他的新發明來了。他越想越着迷，連走過了目的地都不知道。

不知過了多長時間，一隻鳥在他面前飛過，「呱」地叫了一聲，才把牛頓驚醒了。他定神一看，不由大吃一驚，原來他已經離開目的地很遠很遠。他看看手裏，幸好韁繩還在。可是，當他轉過身時卻大驚失色，馬兒不見了！他這才發現，自己手裏拿着的，只是一根斷了的韁繩。

牛頓知道自己闖禍了，這匹馬是家裏最主要的運輸工具啊，要是丟了，今後要送東西時怎麼辦呢？牛頓趕緊回頭找，一路回到伍爾索普，卻仍然沒看到馬的影子，他簡直絕望了！當他垂頭喪氣回到家時，卻看見馬正靜靜地站在自己家的院子裏，背上還駝着那袋要送出去的麥子。

牛頓「失馬」的事傳了出去，村裏的人都當成了笑話來講，只有漢娜在心裏暗暗歎息。

一六五八年秋天，一場大風暴吹襲英國，導致山洪暴發，河水泛濫。風暴波及之處，樹木被吹倒，房屋被沖毀，人們都瑟縮在家裏，不敢出門。牛頓的母親把孩子們全叫在一起，她像母雞保護小雞一樣，守護着他們。可是，她很快就發現牛頓不見了！

　　漢娜嚇壞了，她不顧屋外多危險，照樣跑出去找牛頓。外面狂風怒號，風沙撲面，吹得人搖搖晃晃的。漢娜正在着急，卻發現前面有個人在風裏跳來跳去。啊，是牛頓！只見他時而順風蹦跳，時而逆風跳躍，時而用尺測量距離。漢娜驚愕萬分，這麼危險的天氣，牛頓在幹什麼呢？

　　牛頓發現了母親，趕緊過來扶住她，還興高采烈地說：「媽媽，我在測量風力呢！我順着風向跳的時候，能跳得遠；逆着風向跳的時候，就跳得近。風的力量好驚人啊！」

　　母親呆呆地看着神采飛揚的兒子，這種活力，在牛頓幹農活的時候是絕對看不到的啊！她終於明白了，牛頓不是一般的孩子，他不屬於農田，他應該去一個更廣闊的天地！

　　漢娜決定把牛頓送回學校去讀書，她把這個想法告訴了弟弟威廉，威廉馬上表示贊成，還答應以後盡量多資助姐姐。於是，就在這年秋天，牛頓告別了兩年的農夫生活，又回到了格蘭薩姆鎮那所中學，繼續他未完的學業。

　　老師們都很歡迎牛頓歸來。由於牛頓離開了兩年，很多功課跟不上，需要從頭學起，但這時的牛頓跟兩年

前不一樣了，他格外珍惜這失而復得的學習機會，所以發奮用功，成績很快就趕了上去，他又成了全班成績最好的學生。

牛頓已經懂得將學習放在第一位，將手工放在第二位了，他同時還開始接觸其他方面的知識，例如學畫畫和作詩。他寫過這樣一首詩：

我蔑視那些
　　世俗的冠冕
就像是蔑視
　　我腳下飛揚着的灰塵
雖然在那些庸人的眼裏
　　它們虛無飄渺高不可攀
可在我的眼裏
　　它們卻沉重得難以接受
與其這樣
　　我不如接受一頂用荊棘編
就的冠冕
雖然扎手
　　但我卻覺得心中充滿甘甜
那就是我眼中

　　　　最光榮的所在

　　雖然用荊棘編成

　　　　但卻幸福無邊

　　這首詩雖然不算太精彩，但卻充滿了活力與積極的思想，是牛頓蔑視虛榮的真實寫照，也是他積極進取的體現。

　　一六六一年夏天，牛頓中學畢業了。漢娜參加了畢業典禮，當她看到校長宣布，把最優秀學生的稱號授予牛頓時，她的眼睛濕潤了。她覺得，自己把牛頓送回來讀書，是做對了！

想一想

1. 人們為什麼把十多歲的牛頓稱為「大發明家」？

2. 母親漢娜需要人幫忙做農活，但為什麼最後把牛頓送回學校讀書？

三 劍橋大學的勤奮學生

一六六一年秋天，牛頓終於如願以償，考入了劍橋大學**三一學院**。這件事不但使牛頓一家感到開心，連全村居民都為他高興。母親漢娜含着喜悅的眼淚，為兒子準備行裝。

臨走的前一晚，牛頓突然捨不得離開了。他捨不得自己的那些小發明，捨不得自己家鄉的一切一切，更捨不得含辛茹苦撫養他的母親和三個可愛的弟弟妹妹。他拉着母親的手，說：「媽媽，我不能為您分憂，對不起。」

漢娜看着已經長大了的兒子，說：「你能夠走自己喜歡的路，媽媽怎樣辛苦都值得。」

第二天，牛頓告別了家人，告別了許多來送行的村民，走上了他成為偉大科學家的漫漫長路。

劍橋大學是一個風景優美的地方，它美麗而典雅，還有着許多古老遺跡，讓人們可以看到歷史的縮影。在

知識門

三一學院：

Trinity College，劍橋大學的一個學院，成立於1546年，由英國國王享利八世把麥可學院和國王學堂合併而成。三一學院有多位著名的畢業生，除了牛頓，還有大詩人拜倫、哲學家羅素、多位英國皇室成員和英國首相等等。

三一學院的禮堂和圖書館裏，掛滿了科學家和歷史名人的畫像，牛頓在這裏找到了許多自己熟悉的名字。看着這些畫像，牛頓更加充滿信心，他決心要在這裏學習更多的知識，要像這些名人一樣，為人類作出貢獻。

母親雖然全力支持牛頓求學，但由於家裏經濟狀況不好，不能為牛頓交足昂貴的學費，所以牛頓必須幫學校和教授們做些跑腿的工作來減免學費。在那時候的大學裏，有很多像牛頓這樣的窮學生，他們就是用這種半工半讀的方法，讀完了大學的課程的。

開學以後，牛頓驚訝地發現，自己這個格蘭薩姆鎮中學的優等生，學習成績竟然遠遠比不上大多數同學。這並不是牛頓徒有虛名，而是因為劍橋大學的學生，全是來自英國各地的頂尖人才。牛頓並沒有因此而氣餒，反而更加如飢似渴地學習，不斷充實自己。

牛頓選修的課程有拉丁文、希臘文、數學、神學和哲學等，他最喜歡的是數學和哲學。由於他天資聰慧，學習又刻苦，所以很快就進入了學習上的佳境。他憑着優異的學習成績在同輩中嶄露頭角，他的勤奮和才華，引起了老師和同學的注意。老師們在閒聊時都説：「那個從伍爾索普小鎮來的鄉村學生，日後必成大器！」連那些從大城市來的同學，都不得不對牛頓刮目相看。

面對老師和同學的讚賞，牛頓並沒有驕傲。他仍然孜孜不倦地徜徉在知識的海洋裏，簡直到了忘我的境界。每天晚上，當學生宿舍的燈一盞接一盞地熄滅，只剩下一盞還亮着時，人們知道，那肯定是牛頓宿舍的燈光。

牛頓最初的興趣主要是在數學和物理方面。

那時科學革命的序幕已經拉開，**哥白尼**、**開普勒**等天文學家已完成日心體系，他們否定了已統治了一千年的地心說，使自然科學研究從神學中解放出來。**伽利略**為新力學體系的創立掃清了道路，一個近代科學的時代即將來臨。

牛頓剛進學校接受的高等教育是從傳統的亞里斯多德的著作開始的。他在一次展覽會上，看到了**歐幾里得**的《幾何原理》，他很感興趣，便在圖書館借來這書，專心閱讀，決心增強自己在幾何方面的知識，可是他很

知識門

哥白尼：

尼古拉·哥白尼，1473-1543年，波蘭天文學家、數學家。提出「日心體系」，也叫「日心說」，認為太陽是宇宙的中心，地球、金星、水星等行星都圍繞着太陽運轉，否定了以前流行的「地心說」，也即是地球是宇宙中心，行星都圍繞地球運轉的說法。

開普勒：

約翰尼斯·開普勒，1571-1630年，德國天文學家。開創了天體力學研究的先河。總結了丹麥天文學家第谷的觀察資料，發現了行星沿橢圓軌道圍繞太陽旋轉運行，又提出了行星運動三大定律。

快就放棄了。因為他認為歐幾里得的學說太過呆板、迂腐，沒什麼意思。於是他改讀難度較高的**笛卡爾**的《幾何學》。笛卡爾是提倡新科學的科學家，牛頓看了他的書，茅塞頓開，深受其思想的影響，於是牛頓轉向研究新科學。

剑橋大學圖書館藏有數量豐富的書刊和科學家手稿。能在這個圖書館裏學習和閱讀，對牛頓來說，簡直是天底下最快樂的事情。在這裏，他認識了許多新派科學家：哥白尼、布魯諾、開普勒、笛卡爾、伽桑狄、伽利略等等。他花了很多時間去反覆鑽研這些科學家的著作，並獨立思考他們的學說。老師**巴羅**教授也提醒他，理所當然的事不一定都是正確的，必須用理論加以證明。

巴羅教授的這番話使牛頓終生受益，在往後的日子裏，牛頓始終抱着治學嚴謹的態度，去對待他研究的課題。他所有的科學成果，都是經過反覆驗證，確定無誤之後才公布的。

知識門

伽利略：

伽利略‧伽利萊，1564-1642年，意大利物理學家、天文學家。通過驗證推翻了古希臘學術權威亞里斯多德關於「物體落下的速度和重量成比例」的學說，建立了落體定律、拋物運動規律等，並確定了伽利略相對性原理。

歐幾里得：

約公元前330-公元前275年，古希臘數學家。著有《幾何原本》13卷，這是世界上最早的有系統的數學著作。

除了數學和物理之外，牛頓又迷上了光學。在他閱讀過的有關光學的圖書裏，開普勒的《望遠鏡原理》是他最喜歡的一本，這本書為他日後的光學發明研究打下了基礎。

十七世紀，科學在劍橋大學並不受重視，學校奉行的還是中世紀以來的經院式教育方式，視經典為權威，把知識原原本本地灌輸給學生，學習的課程主要是經書典籍、詩歌和神學。但是，隨着宗教改革思想的滲入，學校逐步增設了自然科學課程。

在這些課程中，最具影響力的當數盧卡斯數學講座。盧卡斯數學講座是在一六六四年開設的，首任教授為伊薩克·巴羅。巴羅教授是一位十分優秀的數學家，他在物理、天文、光學等方面的研究也作出了卓越貢獻。

知識門

笛卡爾：

勒內·笛卡爾，1596-1650年，法國哲學家、物理學家、數學家，貴族出身。有哲學名言「我思故我在」。打破了希臘數學的傳統，引進了「坐標」的概念，從而創立了平面解釋幾何。主要著作有《幾何學》、《論世界》、《哲學原理》等。

巴羅：

伊薩克·巴羅，1630-1677年，英國著名數學家。以研究數學、天文學和希臘文著稱，英國國王查理二世稱讚他是「歐洲最優秀的學者」。

當時巴羅教授三十多歲，他的教學風格既活躍又善於啟發思考，極受學生歡迎，牛頓也從他那裏得益匪淺。後來，巴羅教授更成了在牛頓一生中具有重大影響的人。

牛頓進入劍橋不久，就引起了巴羅教授的注意。巴羅教授習慣夜睡，他每晚都進行各種研究，累了，便在校園裏散步。他常常發現，學生宿舍裏有一個窗口的燈光總是熄滅得最遲，而在那燈光裏，可以看見一個年輕人在伏案學習。有一次，巴羅教授問宿舍的看門人：「那勤奮的孩子是誰啊？」

看門人回答說：「那是牛頓！他是每天晚上最晚睡的一個，也是每天早上最早起牀的一個！」

自此，巴羅教授開始留意牛頓的學習，留意他的為人。他越來越肯定，牛頓的前途不可限量，只要加以培養，定會成為一位科學天才。

巴羅教授特意對牛頓給予額外的指導，他不斷地把科學新思想、新研究動態灌輸給牛頓，讓他跟隨自己一起走在科學的最前沿。在巴羅教授的極力推薦下，牛頓獲得了獎學金。

牛頓並不知道教授在背後為他出的力，他開心地揮着那張通知書，跑去告訴老師這個喜訊：「教授，我拿到了，我拿到了！我拿到獎學金了！」

巴羅笑着說：「這是因為你的成績優秀和品行良好！繼續努力！」

牛頓點點頭，使勁地「嗯」了一聲。拿到獎學金，

這對牛頓來説不僅僅是一種榮譽，而且意味着從此他不用再為生活費和學費發愁了，他可以把以前幹雜活的時間都用到學習上來。他哪能不高興呢！從此，他更加刻苦學習了。

除了巴羅教授的指導，牛頓還博覽羣書，學習到眾多科學家學説的精髓，接觸到各種科學流派。他掌握的知識越多，思路就越開闊，對許多自然科學的新問題就越好奇。他的求知慾望是無止境的，剛剛在教授那裏弄懂了一個問題，又走去研究另一個新問題。所以，他常常走馬燈似的，穿梭於教授辦公樓和學生宿舍之間。而且，常常這一刻鐘才離開，下一刻鐘又轉回來了。

巴羅教授對牛頓的理解能力和研究進展感到非常吃驚。他覺得，以牛頓這樣的資質和勤奮的態度，他很快會成為主宰未來科學的人。

在巴羅教授指導下，牛頓很快便弄懂了開普勒的理論，從而進入到天文觀察階段。在巴羅教授的實驗室裏，牛頓磨出了他的第一塊透鏡——曲面的玻璃鏡。

牛頓在通向科學巨人的道路上一步一步地前進。他大量吸收數學、**光學**、**力學**、天文學方面的知識，又在學習前人經驗的基礎上提出了一系列新的研究構想。巴羅教授將牛頓的每一點進步都看在眼裏，他高興地預感

到，牛頓收獲的日子快要來到了。

　　一六六五年年初，也就是牛頓畢業前幾個月，他實現了自己科學生涯的第一個大突破，他發現了「二項式定理」。

　　這個二項式定理是一項了不起的發現，它能簡單快捷地解決二項式相乘的問題，成為人們研究和學習數學時必須掌握的一條數學定理。

　　除了數學領域外，後來的天文學、物理學，還有現代工程技術，都離不開二項式。直到今天，二項式定理還一直沿用。因為二項式定理在科學上的影響很大，所以後來在牛頓去世後所立的墓碑上，也刻上了這二項式定理和它的作用。

知識門

光學：

用現今的說法，光學是研究光的本性、光的發射、傳播和接收規律等的科學範疇，屬於物理學的分支。古希臘時期的歐幾里得、托勒密等學者都曾研究光學，而牛頓所進行的分類實驗，則使光學由幾何光學邁進了物理光學的門檻。在物理光學中，最突出的就是牛頓對於光譜的研究。

力學：

物理學的分支，研究物體機械運動規律及其應用的學科。

　　這一年，牛頓只是一位不到二十三歲的大學生。

　　就在這一年的夏天，牛頓畢業了。由於他的成績優異，校方讓他留校當助教，這樣一來，牛頓不但可以使用學校資源來繼續他的研究工作，而且有了工資，生活也有了保障。

想一想

1. 巴羅教授是怎樣幫助牛頓的？

2. 牛頓在大學畢業前，有什麼重要的研究
   成果？由此帶來什麼影響？

四 創立微積分

正當牛頓以更大的熱情投入研究的時候，英國發生了**鼠疫**，並且在倫敦市迅速蔓延。這種鼠疫，在英國俗稱「黑死病」。提起鼠疫，所有英國人都會心驚膽戰。在三百年前，這種病曾經在歐洲流行過，它的傳染性很強，死亡率很高，當時歐洲幾乎有四分之一的人口因此喪命。而英國更是當時的重災區，有四分之三的人因為感染「黑死病」而死亡。所以，當「黑死病」再次流行時，大家都驚恐萬分。

疫症已經蔓延到劍橋大學附近的區域，學校發出緊急通知，立即停課，全體師生馬上撤離危險區。於是，人們立刻收拾行李，四散而去，牛頓也回到了家鄉伍爾索普村。

遠遠望見媽媽站在家門口眺望，在她身旁還有三個

知識門

鼠疫：

又稱黑死病，是一種由鼠疫桿菌引起的烈性傳染病，通常先在鼠類或其他嚙齒類動物中流行，然後經鼠蚤叮咬而把病菌傳染給人。常先引起淋巴結炎，重者病原體侵入血液，引起敗血症或肺炎，肺炎患者又經呼吸道把病菌傳播開去。這種疫症自十四世紀以來，已多次在英國發生。

弟弟妹妹，牛頓的眼睛濕潤了。他加快了腳步，走向他的家人。

「哥哥！哥哥！」兩個小妹妹爭先恐後飛奔而來，撲向哥哥。弟弟傑明開心得只顧咧開嘴笑，媽媽看着長得高大斯文的大兒子，高興得只是不斷擦眼淚。

這場疫症給英國帶來了不可估量的損失，但卻給了牛頓一家團聚的機會。慈祥的母親漢娜知道兒子需要一處安靜的地方做學問，就特地在頂樓收拾了一個小房間，專門給牛頓使用，而且家裏大小事都不讓牛頓插手，要他只管專心研究學問。

在幸福安寧的家裏，牛頓感到一種前所未有的寧靜，他安心地一頭扎進了他的研究中去。數學、物理力學和天文學成為他的首選目標，這三個項目都是當時科學界的焦點問題，也是科學家們一直最難取得突破性進展的問題。不過，初生之犢牛頓卻知難而進，以一個數學大師的膽識，將它們列入了自己研究的範圍。

由於疫症一直未有消退的跡象，學校也一直未能復課，牛頓不知不覺已經在家裏待了兩年。在這兩年時間裏，牛頓為他一生中的三大發現——**萬有引力**定律、光學的研究及數學上

知識門

萬有引力：
簡單地說，是指任何兩件物體之間的相互吸引力。

40

的**微積分**，奠定了重要的基礎。

　　跟外面喧鬧的世界相比，伍爾
索普村簡直是個寧靜的世外桃源。牛
頓用不着上課，用不着跟各種各樣的
人打交道，他一天到晚沉浸在自己的
世界裏，每天只是埋頭寫呀算呀。

知識門

微積分：
微分和積分的合稱，
屬於數學的分支。微
分描述物體運動的局
部性質，積分描述物
體運動的整體性質。

他都不知道用了多少張紙，桌上那堆紙越堆越高。妹妹
哈娜常常跟他開玩笑說：「哥哥，你快讓紙把你埋起來
了！」

　　哈娜也是個好學的孩子，在哥哥牛頓的影響下，她
也喜歡上了數學。哥哥一天到晚都在研究，媽媽多次跟
他們說，不要去打擾哥哥，哈娜要見到哥哥可不容易。
所以，哈娜就把催哥哥吃飯、睡覺的工作包了，這樣，
她就可以藉故一天幾次到哥哥的小閣樓上去。但是，她
常常是一上去了就忘了下來，看看哥哥的研究，聽聽哥
哥講解一些有趣的問題，最後，還得媽媽親自上樓去，
把他們兩兄妹拽下來。

　　就在這樣寧靜溫馨的日子裏，牛頓發現了二次方
定理的「無限極數」，並因而開闢了高等數學中的新途
徑——微積分，牛頓把它稱為「變動率」。它專門解決
物體在機械運動中的變速問題，計算其速度的變數和變

化率。

微積分是近代自然科學與工程技術中一種基本的數學工具，它的應用範圍十分廣泛，它能解決很多阻礙數學向高深領域發展的問題。微積分的發現，是世界數學發展中的重要里程碑。

一年之後，牛頓回到劍橋大學，他把有關微積分的論文交給巴羅教授，巴羅教授驚訝得瞠目結舌：天啊，這可是個困擾了數學界多年的課題啊！怎麼竟讓眼前這個年輕人解決了呢！

巴羅教授懷着激動的心情看完了論文，為了進一步驗證，他又把論文交給了當時數學界的權威、著名的數學家科林斯教授，請他審定。科林斯懷着同樣激動的心情審閱了牛頓的論文，然後他迫不及待地寫信給巴羅教授說：「未來科學一定屬於這位年輕人！」

但是，不知為什麼，牛頓一直沒有發表這篇論文，而是把它鎖在抽屜裏許多年。一六七七年，一位叫做萊勃尼斯的科學家也研究出了微積分法，他馬上將研究成果遞交皇家學會，要求取得最先發明權。雖然牛頓的論文未正式發表過，但有權威人士證實他在多年前就發明微積分，所以，科學界經過爭論之後，判定該發明權還是歸牛頓所有。

想一想

1. 當年英國發生的鼠疫，對牛頓有什麼影響？

2. 為什麼微積分的發明權最終歸於牛頓？

五　蘋果的啟示

相信你在日常生活中也曾見過這樣一個現象，一個蘋果從樹上落下來，這蘋果不是向天上飛去，而是會落到地上。當你看到這種情景時，會動腦筋想想當中的原因嗎？相信很多人都只是把它當成自然世界裏一件平常不過的事情，但牛頓卻憑着好奇的眼睛和聰明的頭腦，根據這一現象發明了萬有引力學說。

引力問題是物理學界最大的課題，在這之前，已有伽利略窮盡畢生的精力去研究它，但一直沒有得到完整的答案。

牛頓很早就對引力問題感興趣了，他曾經認真、詳盡地研究了伽利略和其他科學家的有關理論，分析他們的研究經過，了解他們沒有取得成功的原因。回到家鄉不久，牛頓就開始了他一生中，也是科學史上最偉大的研究——關於萬有引力的研究。

他用新的思想觀念去觀察太陽、月亮和其他星體的變化，仔細地做着有關的記錄，計算地球運轉的速度，並嘗試做各種的假設。

　　牛頓想起了小時候玩過的一種遊戲，用一條繩子綁住一塊小石頭，然後用手使勁地把繩子旋轉起來，轉了一會兒後猛一鬆手，小石頭就會拖着繩子飛出老遠老遠。牛頓還想起另外一種現象：如果把一杯牛奶很快地翻過來、翻過去，牛奶並不會溢出杯子。這是什麼道理呢？牛頓一天到晚都想着這些問題。

　　一六六六年夏天，有一天牛頓在小閣樓裏想問題想得腦袋昏沉沉的，就跑到院子裏散步。院子裏種了幾棵蘋果樹，紅透了的蘋果掛滿枝頭，風一吹，蘋果在晃悠悠地搖着。突然，一個蘋果掉了下來，剛好落在牛頓跟前，把他嚇了一跳。

　　他呆呆地看了這個蘋果一會，心裏想：蘋果為什麼會掉到地上，而不是飛上天空呢？這是一個自然現象，因為蘋果有重量，地球上一切物體都有重量，所以高處的東西總是落向低處。但是，重量又是如何產生的呢？會不會是地球有某種力，將一切的東西都吸向地球呢？如果能把這個現象解釋清楚，那麼其他事物的引力問題不就解釋清楚了嗎？現在蘋果落向地面，是不是受地球的吸引力影響呢？

　　牛頓想，一定有兩種力在互相對抗！一種向裏拉的力（向心力），以及一種向外要掙脫的力（離心力）。

牛頓乾脆就在蘋果樹下躺了下來，望着樹上的蘋果，凝思默想着一個又一個複雜的問題。

媽媽和妹妹哈娜在廚房正忙着，哈娜偶然往窗外望了一眼，説：「媽媽，您看，哥哥又在想事情了。」

媽媽抬頭望向外面，她慈愛地看着躺在蘋果樹下的兒子，説：「願上帝保佑他！」

妹妹説：「我要出去問問哥哥，看看他在想些什麼。」説完，就要往外跑。

媽媽一手拉住女兒，説：「別去打擾哥哥，乖！」

躺在樹下的牛頓思索着地球、月球、其他**行星**運動的問題。他覺得現在離自己的目標越來越近了。

蘋果之所以落到地上，是因為地球在吸引着它。如果把蘋果換成月亮呢？地球對它也有吸引力嗎？如果有，是否就解釋得到它能在固定軌道上運行的原因？

這麼説來，對地球來説，月亮和蘋果是同一種性質的東西了。

知識門

行星：

在不同的橢圓形軌道上環繞太陽運行的天體，它們本身不發光，只能反射太陽光。太陽系有八大行星，按照它們與太陽的距離，由近至遠，依次是水星、金星、地球、火星、木星、土星、天王星和海王星，此外還有許多小行星。2006年前，太陽系原本有九大行星，但科學家在當年把冥王星除去行星之名，使太陽系只餘八大行星。

　　太陽系裏面的行星之所以繞着太陽運轉，不沿着直線飛去或者胡亂飄動，是因為有一股強大的力量在拉着它們，不讓它們亂飛。這股力量就是太陽的力量。同樣道理，月亮圍繞着地球運轉，是由於地球的力量使它這樣的，這力量就是地球的引力，和吸引蘋果從樹上掉下來的力量是一樣的。

　　牛頓想到這裏，就把蘋果放到眼前，瞇着眼睛看了半天，腦子裏有了一個大膽的設想：月球按照一定的軌道圍繞着地球運轉，這是因為月球受到地球吸引的緣故，就跟蘋果落地一樣，這麼說，宇宙中的物體之間，是不是都存在一種相互吸引的作用呢？

　　為此，牛頓把地球的重力與天體間的引力連繫起來，開始有了「萬有引力」的想法。

　　困擾多時的問題終於解決了，牛頓高興得一躍而起，舉起蘋果，大聲嚷道：「蘋果啊，你真了不起！你幫我解決了一個大難題！」

　　牛頓的叫聲驚動了媽媽和妹妹，哈娜開心地看着哥哥，說：「媽媽，看樣子，哥哥像是解決了重大難題呢！我們今天多做幾個好菜，慶祝慶祝。」

　　哈娜說完，就蹦蹦跳跳地跑到院子裏，興奮地問哥哥：「哥哥，是不是又有好消息要告訴我們？」

牛頓興奮地點了點頭。哈娜調皮地「叭」的一聲，在哥哥的臉上親了親，說：「哥哥，你真棒！」

她又歡蹦亂跳地跑回廚房去了，她要和媽媽做一桌豐盛的晚餐。傑明和瑪麗聽到後，也跑來幫忙。接着，一家人高高興興地吃了一頓快樂的晚餐。

晚飯後，牛頓爭着幫媽媽收拾碗筷。幾個弟弟妹妹都跟他搶，媽媽也說：「孩子，你早點休息吧，這段日子，你沒睡過一個好覺！」

牛頓還想堅持，因為他回家以後，一天到晚只顧研究，很少幫媽媽做家務。但他哪爭得過兩個妹妹？哈娜硬是拉着他的手，把他送回小閣樓去。

牛頓看着妹妹的背影，心裏湧起一股暖流。他想，自己有一位慈祥的母親，有這些可愛的弟弟妹妹，真是幸福極了。

牛頓在晚年的時候，還常常回憶起這一段美好的日子：「在『黑死病』橫行的那段日子裏，我度過了一生中最為美好的時期，那時我的思想最為活躍，精力也最旺盛，所以才有那些重大的發現……」

妹妹走後，牛頓並沒有休息，他又坐到桌子前，運用剛剛發現的「萬有引力」原理來解釋另外一個力學現象。

如果用手把一塊石頭拋向遠處，那石頭就會按照一

個曲線（即拋物線）飛行，最後落地，這是因為石頭被地球的引力所吸引。

牛頓把過去許多無法解釋的力學問題，改用新的理論來解釋，竟然全都迎刃而解了。接着，牛頓要做的事情是，通過計算得知引力與距離之間的關係變化。

牛頓又躲在他那間小閣樓裏，夜以繼日地寫呀算呀，有時哈娜上來叫他去吃飯，他都不肯去，因為下樓吃飯會打斷運算的思路，一算起來，就不能停。媽媽心疼他，就做一些好吃的東西，叫哈娜拿上閣樓去。哈娜知道哥哥快要完成一件很重要的研究工作，也不想別人打擾他，就把食物悄悄地放在桌上靠右的地方，然後就下樓去了。

於是牛頓就有了這樣的習慣，餓了，就隨手往桌子右上方一抓，也不看是什麼，就直往嘴裏塞。

經過多次的運算後，牛頓終於得出了結論：如果一個物體和地球之間的距離，比另外一個物體和地球之間的距離大五倍的話，那麼地球對較近的那個物體的吸引力，是對較遠的那個物體的吸引力的二十五倍。

根據這個結論，牛頓又再進一步推算、求證，最後終於確定了萬有引力定律。這可説是牛頓對世界物理學最大的貢獻。

牛頓的萬有引力定律表明：大而重的物體之間的引力，大於小而輕的物體之間的引力；距離較近的物體之間的引力，大於距離較遠的物體之間的引力。他肯定地指出，萬有引力不僅適用於地球上的物體之間，也同樣適用於宇宙空間。

自從牛頓發現了萬有引力之後，他家院子裏的那棵蘋果樹也出了名。人們簡直把它當成了聖物，從四面八方跑來參觀，牛頓的媽媽應接不暇。每天早上一起牀，她就發現院子外面已經站了許多人，在等着進來看那棵蘋果樹。

據說，那棵蘋果樹在牛頓成名之後越長越旺，直到牛頓逝世之後還活了很多年。那棵樹死後，人們用它來做了一把椅子，這椅子至今還放在一個博物館裏。其他剩下的木頭，人們把它鋸成一小塊一小塊的，許多人都爭相來要，當作珍貴紀念品，收藏起來。

想一想

1. 牛頓是怎樣發現萬有引力的？
2. 在牛頓發現萬有引力這件事上，可以看出牛頓有什麼特點？

六　吹泡泡的科學家

由於受巴羅教授的影響，牛頓很早就對光學有了興趣。他還在老師的指導下，磨出了自己的第一塊**透鏡**。

光學在當時是一門最新的科學，自從伽利略以望遠鏡揭開宇宙的天體秘密之後，望遠鏡在後來五十年的科學發展進程中，一直都起着重要的作用。可是，那時候的望遠鏡設計還未完善，最致命的弱點就是色差問題。在觀察物體時，不但無法集中焦距，而且物體的周圍還會產生橘紅色的光圈。科學家都認為，這是鏡頭的問題，他們都很想造出更先進、更完美的望遠鏡。牛頓也相信這種説法，他在這方面進行了多種的研究，希望能製造出更為完美的望遠鏡。

在故鄉期間，牛頓熱衷於光學的研究。他磨製了各種奇形怪狀的光學透鏡，並用玻璃磨製出**三稜鏡**，用來

知識門

透鏡：

用玻璃或水晶等透明物質製成的鏡片，分為凹透鏡和凸透鏡。透鏡可使光線聚合、分散或出現折射。

三稜鏡：

稜鏡是指用透明材料做成的多面體光學工具，在光學儀器中用來把複合光分解成光譜或用來改變光線的方向。三稜鏡的截面是三角形的，外表看上去是三角柱體。

分解太陽光。

一天，隔壁一個新搬來的老太太來牛頓家串門，她問漢娜：「聽説你家的大孩子是個科學家？我可以見見他嗎？」

漢娜開心地笑着説：「這孩子做起事情來肯動腦子罷了。喏，他就在院子裏呢！」漢娜推開窗子，指着院子裏的牛頓。

老太太朝外面一看，她呆住了。院子裏，一個二十多歲的年輕人正對着太陽，像個小孩子似的，起勁地吹着泡泡。當滿院子飛舞着泡泡時，他就停下手來，呆呆地看着。

老太太呆了半天，才回過頭來，問漢娜：「他在幹什麼？」

漢娜卻一點都不覺得奇怪，只是説：「不論他幹什麼，都總是有道理的。」

漢娜最了解自己的孩子，不管牛頓的行為多麼荒誕離奇，她都認為他是正在做一件了不起的事情。正像她常説的，「不論他幹什麼，都總是有道理的。」

的確，牛頓正在做一個了不起的研究，他利用肥皂泡來研究光的分解現象。其實，在老太太看到他之前，他已經在院子裏吹了半天的泡泡了。

吹完泡泡之後，牛頓便回到小閣樓去，利用三稜鏡，做起分解陽光的工作來。

媽媽送走了老太太，接着親自給兒子端去一盆可口的食物。她一進小閣樓，就發現房間黑黝黝的，伸手不見五指。原來牛頓用一塊厚厚的布把窗戶全蒙住了。

媽媽走進黑屋子裏，很奇怪地問道：「兒子，你躲在黑屋子裏，做些什麼呀？」

牛頓抬起頭，很興奮地説：「媽媽，我給您看個秘密！」

接着他跑到樓梯口，朝着下面喊：「傑明、瑪麗、哈娜，快上來！」

等到弟弟妹妹都進了黑房子，他就把房門關起來。這時，他們發現在黑咕隆咚的房子裏，只有在窗板中間的位置留了一個小孔，一縷光線從那裏射進屋子，照到牆上，形成了一個顯眼的亮點。弟弟妹妹們不知哥哥在表演什麼魔術，都興奮得屏住了呼吸。

牛頓説：「你們看着牆上那個亮點。」

屋子裏的人看看那個亮點，哈娜説：「那亮點有什麼特別？還不是普通的亮點嗎？」

牛頓説：「別着急，馬上就要變了。」

只見牛頓把三稜鏡放在陽光的通道上，使光折射到

對面的白牆上，一會兒，奇跡出現了！牆上的那個亮點真的變了！在原來亮點的位置上，出現了一道彩虹，有紅、橙、黃、綠、藍、靛、紫七種顏色。

「啊，多好看的彩虹！」哈娜首先叫了起來。

瑪麗驚訝地問：「這彩虹就是剛才那個亮點變出來的嗎？」

大家都回過頭，看着牛頓。牛頓這時候正拿着一個三稜鏡，把它擋在那個透光的小孔上，光線正是透過三稜鏡射到牆上的。當他把三稜鏡拿開時，牆上的彩虹就不見了。

傑明嚷嚷起來：「哥哥，你手裏拿的是什麼？是魔法寶物嗎？」

牛頓説：「這不是魔法寶物，是三稜鏡。它可以分解陽光，我們平時見到的太陽光看起來是無色的，但其實是由七種顏色組成的。」

傑明忽然説：「哥哥，你説得不對。我前幾天從你帶回來的書裏看到，別人都説白光是單色的，雨點能添加不同的顏色，所以形成了彩虹。」

牛頓高興地説：「哈哈！我的弟弟快成科學家了。你剛才説的是前人認為是這樣的，它沒有嚴謹的科學道理作支持。你哥哥正在作分解白光的試驗。你們看，我

已經發現白光原來包含了七種顏色，這是自古以來從沒有人發現過的。」

媽媽接過兒子手裏的三稜鏡，心裏高興極了，兒子真了不起，他懂得可真多。為了不影響兒子的研究，她帶孩子們下樓了。

牛頓仍留在黑房裏，他並沒有滿足於這些發現，他仔細地觀察牆上被三稜鏡分解出來的光跡，他還觀察了光線經過的路線，比較了入射光束和七色光帶的形狀，他不斷地改變孔的大小，讓光線穿透三稜鏡不同的位置，又試用多塊稜鏡把光線分散、聚合……

他反覆試驗，結果發現那七種顏色的折射率都不同，他開始計算不同顏色的光帶之間的差別，並按照折射程度來排列，組成了一個**光譜**表。

牛頓不斷地分解陽光，製成光譜表，終於證實了白色的陽光實際上是由七種原始的單色光混合而成的，而且各種顏色的波長和折射率都不同。牛頓這一發現，為現代光學原理奠定了基礎。

這時候，黑死病已經被控制住

知識門

光譜：

指複色光（如日光）被色散系統（如稜鏡）分解後，按波長的大小依次排列出來的圖案。後來，對光譜的研究已成為一門專門的學科，即光譜學。人們利用光譜來研究發光體的性質，在現代，光譜學在宇宙研究中起着重要的作用。

了。牛頓在一六六七年三月，回到了劍橋大學。

在學校裏，牛頓繼續他的光學研究——色的現象和光的本性。

光和色的秘密被發現之後，牛頓開始明白望遠鏡中產生色散的原因，是由於陽光中七種色光的折射率不同，因此它們被望遠鏡中的透鏡折射後，便在透鏡周圍產生離亂的彩色光輪。於是，牛頓開始依據新的原理來研究，終於在一六六八年，利用光的反射原理，發明了光學史上第一架反射式望遠鏡。這架望遠鏡長六英寸，直徑只有一英寸，但放大率卻高達四十倍，並消除了那原來四英尺長的望遠鏡無法集中焦距的問題。牛頓借助這架望遠鏡，清楚地觀察到天體行星的運動規律，找到了潮汐現象的解釋，還預言地球不是正球體……

牛頓製造的第一架望遠鏡，至今還保存在英國的皇家圖書館裏，上面刻有一行小字：

「牛頓爵士親手製作的世界上第一架反射式望遠鏡。」

想一想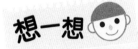

1. 牛頓發現太陽光是由哪七種顏色組成的？說說看。

2. 牛頓製造的望遠鏡是怎樣的？跟以前的望遠鏡有什麼不同？

七 最年輕的教授

　　牛頓的才華已引起人們的注意，而巴羅教授，就比別人更加關注牛頓，也比別人更早開始注意牛頓。

　　巴羅教授和牛頓的師生情誼，在劍橋一直傳為美談。自從巴羅教授認識這個勤學的年輕人之後，就一直關注他的成長。他恨不得將自己所有的學問，全都傳授給牛頓，牛頓也希望有朝一日，能成為像巴羅教授那樣學識淵博的學者，兩人的感情一直很好。巴羅教授看着牛頓成長的每一個腳印，心裏明白，牛頓很快會超越自己，成為劍橋最有成就的人。

　　幸運的是，巴羅教授並沒有像一般帶有世俗想法的人那樣，忌妒牛頓的才華，甚至排斥他，而是用他高尚的人格、無私而且不遺餘力地引導和幫助牛頓，讓他一步步走向光輝的頂點。

　　牛頓這幾年來所取得的研究成果，使巴羅教授越來越意識到，牛頓的成就已經逐漸超越了自己。於是，經過深思熟慮之後，他作出了一個令人欽佩的決定：將盧卡斯數學講座的教授職位讓給牛頓。這時，牛頓才

二十六歲。

此事在劍橋引起了極大的反響。牛頓雖然在學校有一定的名氣，但他太年輕，還缺乏聲望。何況，盧卡斯數學講座教授是一個重要和崇高的職位。

原來，盧卡斯數學講座與劍橋大學的亨利‧盧卡斯教授有關。他臨終時在遺囑中設立了這個教席，並且規定，盧卡斯數學講座必須由劍橋最出色的教授執教，該教授每年可以從盧卡斯的遺產中獲得一百英鎊的津貼。首位獲得這一殊榮的便是巴羅教授。所以，可想而知，這個職位令劍橋的教授們多麼眼饞，而巴羅教授的決定會引起多大的爭議。

「牛頓？他是什麼人？他有什麼資格擔任這個職位啊？」

「是呀！劍橋有這麼多有經驗、有學識的教授，怎麼算都算不到他頭上呀！」

人們在議論紛紛，甚至有人還惡意中傷牛頓，將他的一些小毛病無限擴大。

牛頓自己也覺得壓力很大。盧卡斯數學講座教授這個職位，在他心目中太高不可及了，而且他從來也沒有想過要取得這個職位。

他去找巴羅教授，囁囁嚅嚅地說：「教授，我十分

感謝您的好意，但是我的資歷太淺了，恐怕……」

巴羅教授卻親切地拍拍他的肩膀，說：「拿出你做研究時的自信來！你能做到的，我相信沒有人能比你更勝任這個工作了。」

巴羅教授為牛頓做了很多事情，他四處宣揚牛頓的優異成績，介紹牛頓的好學和研究精神，又嚴詞駁斥了一些對牛頓不利的言論。他深信，牛頓比任何一位科學家都有潛質，況且牛頓在數學、光學方面的研究是無人能及的。

巴羅教授還用兩個有力的事例去證明牛頓的實力：第一，巴羅教授出版的一本光學講義的著作，剛剛在歐洲的學術界備受好評，而牛頓在其中起了重大的作用；第二，牛頓交給巴羅的一篇名為《無窮多項方程的分析》的論文，獲證實是一篇有重大價值的研究文章。這都是幫助劍橋院方正確評估牛頓能力的依據。

憑着巴羅教授的聲望和努力，以及牛頓無可否認的成績，牛頓終於成為盧卡斯數學講座教授，也是這個講座最年輕的教授。

能夠成為盧卡斯數學講座的教授，這在當時的科學界，是多麼大的榮譽啊！何況牛頓才二十六、七歲。

巴羅辭去教授職位之後，由於他原本在神學方面有

一定的成就，很快就獲任命為皇家教堂的祭司。有一次，巴羅見到前來做禮拜的國王**查理二世**，便將牛頓發明了望遠鏡的事告訴他。

牛頓發明了反射式望遠鏡之後，除了跟巴羅教授說過，就沒有向任何人提過這件事，以至一直沒什麼人知道這個發明。查理二世是皇家學會的重要成員，他對這事很感興趣，便請牛頓將望遠鏡送去皇家學會進行鑒定。

當那架能將物品放大四十倍的望遠鏡出現在皇家學會時，馬上引起了轟動，查理二世也給予了高度評價。不久，牛頓獲提名加入皇家學會。

英國皇家學會成立於一六六〇年，它的前身是一個由一流學者組成的非正式學術交流組織。後來由於國王查理二世的加入，該會即改名為「皇家學會」。它是世界上最早和最著名的科學團體之一。

一六七二年　月，牛頓順利通過選舉，成為了皇家學會會員。

英國皇家學會會員，是當時英國科學家所能得到的最高等級的榮譽，是許多人一生中努力追求的目標。凡

獲接納加入該會的人，都被人們視為世界第一流的科學家。雖然牛頓並不是個很重視名利的人，但也為自己成為了皇家學會會員而感到興奮。

回顧自己走過的路，牛頓非常感激自己的恩師巴羅教授。他下定決心，不能辜負巴羅教授的期望，要窮盡畢生的精力，努力探索科學奧秘。

牛頓加入皇家學會後，覺得自己作為新成員，應該有點表示，於是就將自己一篇題為《關於光和色的新理論》的論文呈交學會。學會的大多數成員都很重視這篇論文，覺得它太有價值了。可是，其中一位叫羅伯特‧**胡克**的學會成員，卻對此表示了極大的懷疑。

知識門

胡克：
1635-1703年，英國著名的物理學家和天文學家。

胡克比牛頓大六、七歲，是一個很有才華的科學家。他有過許多發明，包括空氣濕度計、鐘錶用的螺旋彈簧、雨量器、用時鐘控制的行星跟蹤器等，在光學領域中也有很大成就。只是，胡克這人有一個很大的缺點，就是狂妄自人，固執偏激，每逢聽到與自己不同的觀點，便會拼命阻撓。

他對牛頓的論文提出許多質疑，但牛頓的研究一向縝密、認真，因此很輕易就駁回了胡克的意見。胡克惱

羞成怒，又和一些忌妒牛頓的人一起，批評牛頓的其他理論。牛頓開始時還耐着性子一一反駁那些批評，但後來發現這樣做毫無意義，只會白白浪費時間，就乾脆**三緘其口**[1]了。他不聲不響地回到劍橋，專心做他的研究。

有一天，牛頓很意外地接到胡克的一封道歉信。胡克在信裏除了表明自己與牛頓的爭論都只是為了發現真理，並無惡意之外，還希望能和牛頓「恢復友誼」。

胡克言詞懇切，令牛頓很感動。他馬上回了一封信，表示他和胡克仍然是朋友。

胡克後來當了皇家學會的幹事，他曾寫信給牛頓，希望他能隨時向學會匯報自己的新發明，並保證不會向外公開信的內容。於是牛頓又給胡克回了一封信，並順帶告訴他自己近來的一個發現：

地球是由西向東自轉的，因此，從高處落下的物體是呈螺旋形下墜，而下落的位置稍微偏東。這個實驗也可以反過來證明地球的自轉運動。

胡克收到信後，也跟着做了一個實驗，以驗證牛頓的觀點。但是，他發現物體下墜時並不會呈螺旋狀，而呈**偏心橢圓形**[2]的。如果遇到阻礙，就會成偏心橢圓的螺

---

[1] **三緘其口**：言語謹慎，或不說話。緘，粵音摲。
[2] **偏心橢圓形**：中心點不是在正中央的橢圓形。

旋。而且，物體落下的地點是偏東南，並非牛頓說的東方。

胡克心裏不禁暗暗高興，想起之前多次討論都敗給牛頓，這次可要一雪前恥了。於是，他完全不顧自己當初的承諾，竟在皇家學會公開牛頓的信，並當眾指出其錯誤之處。

胡克洋洋得意地說：「作為一個科學家，卻將科學當作兒戲，不經過反覆研究，就隨便把一個錯誤的結論公布出來，這是為真正的科學家所不恥的。」

牛頓萬萬沒想到胡克會這樣做，他十分狼狽，非常後悔自己把不成熟的想法輕易告訴別人，也暗恨胡克的食言。

吃了啞巴虧的牛頓覺得這個世界太過複雜，有些人太過虛偽，自己實在沒有必要捲進去，白白浪費了寶貴的時間。他沒有回應胡克的言論，也不作解釋，只是坐下來埋頭檢查出錯的原因。

經過一番研究，牛頓終於發現，是自己把地球的半徑搞錯了，才得出了錯誤的結論。他重新計算了一遍，終於證實了他的法則是正確的。這個發現其實是科學界的一件大事，因為它創建了有助於解決萬有引力問題的牛頓三大運動定律，但牛頓當時只是隨手寫在筆記本

裏，完全沒有發表的意慾。

牛頓從一六七二年獲選為皇家學會成員起，到一六八四年為止，這十二年裏，他除了提出《關於光和色的新理論》論文，及一些數學法則之外，幾乎沒有發表過其他科學報告，他實在煩透了那些惡意的攻擊和不必要的爭論。直到多年後，年輕的天文學家**哈雷**來向他請教一些科學問題，才令牛頓的一部驚世之作《自然哲學的數學原理》公布於世。

知識門

哈雷：

愛德蒙・哈雷，1656-1742年，英國天文學家。曾任牛津大學教授、格林威治皇家天文台台長。1676年，他赴南大西洋聖赫勒拿島建立天文台，觀測南天天體，並編製了《南天星表》。1705年，他運用萬有引力定律，預言彗星會在1758年回歸，後來證實預言屬實。

想一想

1. 巴羅教授為什麼要將盧卡斯數學講座教授的職位讓給牛頓？

2. 為什麼牛頓不想發表自己的研究成果？

八 寫成驚世巨著

哈雷是一位很有名氣的天文學家。有一次，他和胡克、克里斯托弗・**雷恩**一起，討論天體運動的問題。哈雷很誠心地向兩位前輩討教：「根據**開普勒的第三定律**，我們先下一個引力與距離的平方成反比的假説。你們兩位有何看法？」

雷恩點點頭表示同意，説：「假如這個假説是正確的，那麼行星繞着太陽運轉，會形成什麼樣的軌道呢？」

胡克説：「其實很簡單，一切天體的運行，在開普勒的定律裏已經表達得很清楚了，我也已經驗證過，證實無誤。」

哈雷用懷疑的目光看了看胡克，説：「我也曾經做過多次實驗，但就是無法證明。」

知識門

雷恩：

1632-1723年，著名的建築工程師、數學家。1666年倫敦大火後，他為這座城市的重建提出了設計方案，包括倫敦著名的聖保羅大教堂。

開普勒的第三定律：

指行星圍繞太陽公轉時，它運轉周期的平方，與它和太陽之間平均距離的立方成正比。這個定律又稱「和諧定律」或「調和定律」，由開普勒在1619年發表。

雷恩心裏明白，這胡克在科學研究上不夠深入和細緻，不值得相信。於是，他半開玩笑地說：「這樣吧，我這裏有四十個先令。如果誰能在半年內最先發現行星的軌道，並給予數學證明，這四十先令就是誰的。」

但是，半年過去了，三位學者中沒有一個人能拿出答案來。這時候，哈雷想起了他的好朋友牛頓。哈雷馬上收拾行裝，趕了一百里路，去劍橋大學拜訪牛頓。

好朋友相見，分外高興，牛頓還來不及跟哈雷說說近況，哈雷就迫不及待地談起那個令他們困惑已久的問題：「我從開普勒的定律中，得到引力與距離的平方成反比的假說，你怎樣看？」

牛頓說：「我覺得這個假說是對的。」

哈雷聽了很高興，馬上問道：「這樣的話，那麼行星是繞着哪種軌道運行的呢？」

牛頓想也沒想，就回答：「是橢圓形。」

哈雷完全沒想到牛頓回答得這麼快，一時間竟愣住了，過了好一會兒才結結巴巴地說：「難……難道，難道你已經得出結論了？」

牛頓好像不明白哈雷為什麼有這麼大的反應，他冷靜地說：「是的，這已經是很早以前的事了。我已用數學方法證明過了。」

哈雷激動地說：「請問，你可以把計算的手稿給我看看嗎？」

牛頓說：「當然可以。」

牛頓馬上去找那本筆記本，可是，那已經是幾年前的事了，他實在想不起來是記在哪一本本子上，所以找了好一會都沒找到。他只好請哈雷先回去，說好找到了就馬上寄給他。

哈雷走後，牛頓又翻箱倒櫃尋找那本筆記本，但還是沒找到。牛頓這個人是很守信用的，他就按自己的記憶，重新計算了一遍，再把結果寄給了哈雷。

哈雷急不及待地拆開信件，一口氣把它看完。這份手稿條理清晰、具有極強的邏輯性。在手稿中，牛頓對萬有引力公式進行了推導、計算，並用數學方法有力地證明了開普勒第一定律。牛頓還進一步提出引力不僅為太陽所專有，在其他任何星體都存在，引力是自然界中普遍存在的力。正是由於萬有引力，月球才不會飛離地球，地球和其他行星也不會飛離太陽。但是，萬有引力之所以沒有使月球像蘋果一樣落到地球上，是因為它在以一定的速度在作近似圓周的橢圓軌道運動，引力成了這一運動的向心力。

同時，牛頓還預言，如果發射一個高速度的物體，

只要它有近似圓周運動時所產生的向心力，並且這向心力跟它與地球之間的引力一致，那麼，這個物體就永遠在它的軌道上繞着地球運轉。

哈雷感到極大的震撼，這實在是天才的論述呀！簡直是具有劃時代的意義，世界物理學將會由此向前邁進一大步！

哈雷拍案叫絕：「牛頓呀牛頓，你為什麼不把它早點公布於世呢！這對於科學研究領域來說，是多麼重要的事呀！」

哈雷放下信件，決定馬上去找牛頓，要說服他盡快將論文發表。

在哈雷的說服和熱心幫助下，牛頓在劍橋大學作了一系列「關於運動」的演講，還把一篇長達二十四頁的論文送到了英國皇家學會。這篇論文，已經從行星的橢圓運動，進展到整個天體的運行。皇家學會對論文給予了極高的評價，並決定請牛頓進一步整理和補充資料，由學會出資為牛頓出版一本科舉巨著。

一六八五年初，正當牛頓積極地撰寫他的科學巨著時，有兩件事促使他決定中止寫作。

第一件事是皇家學會由於經濟問題，無法負擔出版這本書的費用，決定取消這個出版計劃。

　　第二件事跟胡克有關。胡克在許多公開場合大肆攻擊牛頓，說牛頓剽竊了他的科學研究成果，因為萬有引力的雛形——平方反比定律是他提出來的，他在一六七九年給牛頓的一封信中提到了這個定律。而在那之前，牛頓還未發現這個定律。因此，胡克提出，牛頓必須在他的著作中說明這一點，並肯定他對於平方反比定律的發現權。

　　牛頓聽到這個消息後，心情極差，馬上決定中止寫作。牛頓的性格向來較內向、低調，他本來就認為出版這樣一本巨著，會過多地消耗自己用於學術研究的時間，只是因為哈雷的一番好意，他才勉強答應的。如今不但經費告吹，那胡克也想來分一杯羹，這怎不讓牛頓煩惱呢！於是，他斷然決定放棄寫作。

　　哈雷為了這件事着急萬分，他深深知道出版這本書對科學事業的偉大意義，他決定無論如何都要促成這本書的出版。

　　哈雷又跑了一百里路找到牛頓。他對牛頓說：「這本書的出版，不僅是你個人的事，也是科學界的大事，是絕對值得花時間去寫的。如果你是因為胡克的阻撓而放棄的話，就請你放寬度量，原諒他好了。請你千萬不要放棄寫作！」

牛頓很為哈雷的熱忱所感動，他也坦白地説：「即使我不計較胡克的態度，即使我願意花時間去寫，也沒有出書的錢啊！」

哈雷毅然説：「這個你不用擔心，錢由我負責！」

牛頓又一次被哈雷感動了，於是他又拿起了筆。

牛頓一點也不知道，哈雷為了出版這本書，付出了多大的代價。哈雷本身並不富裕，為了出版這本書，他耗盡了自己的積蓄，這使他和他的家庭在日後長期陷入了拮据之中。

牛頓是一個言出必行的人，他答應了哈雷之後，就一心一意地投入寫作。在和胡克的矛盾中，他找到了一個既能敷衍胡克，又不失自尊的權宜之計——那就是在自己的著作中插入了一段聲明，一方面説明自己是平方反比定律的獨立發現者，另一方面也表明了胡克、雷恩和哈雷對這一定律也都有所研究。

牛頓將全副心思放在寫作上，因此鬧了個大笑話：

有一天，牛頓的傭人因為有急事要出去，就對牛頓説：「我已經生了火在燒水，等鍋裏的水煮沸了，你就把這雞蛋放進去，五分鐘之後，就可以吃了。」説完，就把一個雞蛋放在牛頓的桌子上。

牛頓點點頭，又繼續低下頭寫他的東西。

　　過了一會，鍋裏的水開了，沸騰的聲音驚動了牛頓，他好像記起了什麼，就順手拿起桌上的一件東西，扔進鍋裏去了。

　　不久，傭人回來了。他看見牛頓還在埋頭寫東西，但雞蛋還在桌子上，便急忙揭開鍋蓋一看，天啊，鍋裏有一隻手錶在水裏翻滾着！原來，牛頓剛才把自己放在桌上的手錶當成雞蛋，扔進鍋裏去了。

　　一六八七年四月，在經過了十八個月的緊張寫作以及許多個不眠之夜之後，牛頓終於為他的著作手稿寫上了一個完美的句號。他想了想，在稿件的封面上寫上書名──《自然哲學的數學原理》。

　　哈雷聽到書稿完成的好消息之後，高興得連夜趕去劍橋大學。當他看完書稿後，興奮得握着牛頓的手，說：「世世代代將讚美這部著作。」

想一想

1. 牛頓在撰寫《自然哲學的數學原理》的過程中，遇到了什麼困難？為什麼他曾想放棄寫作？

2. 哈雷為《自然哲學的數學原理》的出版做了些什麼？

九 獻給人類的禮物

　　《自然哲學的數學原理》（簡稱《原理》）一書於一六八七年七月出版，馬上引起了極大的轟動，並迅速傳遍了世界科學界，尤其對天文學界的影響更巨大。《原理》用新的角度和理論方法，闡述了一個「全新」的宇宙體系。它是那樣的明澈和有條理，使人類獲得可以用理性解決問題的自信。

　　《原理》一書分為三卷，開篇是導論。它提出了「運動的基本定理」，以及質量、動量、慣性力及向心力、絕對時間、絕對空間、絕對運動和絕對靜止的概念，論述了機械運動的三個基本定律，還有力的合成和分解法則、動量守恆原理等。

　　第一卷以運動的基本定律研究引力問題，共十四章，討論了「引力的平方反比關係」、「活力定律」、「擺的運動」等等。

　　第二卷以嚴謹的天體力學理論，論述了向心力和回轉軌道之間的數學關係，以及物體在阻力介質中的運動，證明了笛卡爾的漩渦模型說不能成立。

第三卷的總題目是「論宇宙體系」，共五章，分別是《論宇宙體系的原因》、《論月亮》、《論**潮汐**》、《論歲差》、《論**彗星**》。牛頓將他的力學理論應用於天體運動，論述了萬有引力和質量的關係，並用他的萬有引力定律來解釋自然界中的各種現象：太陽系中行星、行星的**衛星**、彗星等天體的運行，以及海洋潮汐的現象等。這是天體力學的開篇之作。值得一提的是，牛頓在該卷的首節中，講述了他主張的科學方法：「歸納——演繹」法，與伽利略的「直觀分解」、「數學演繹」、「實驗證明」構成了近代科學方法論。

牛頓一系列新理論剛公布於世時，曾受到一些學者的質疑。但隨着時間的推移，越來越多的天文現象證明了萬有引力定律是正確的。

首先證實到萬有引力定律是正確的，是對地球形狀的證明。

知識門

潮汐：
由於地球上的海水受月亮和太陽的引力影響，出現水位有周期性漲落的現象。

彗星：
又叫掃帚星，繞着太陽旋轉的一種星體，通常在背着太陽的一面有一條掃帚狀的長尾巴，體積很大，密度很小。古時人們認為彗星代表不祥、戰爭等。

衛星：
按一定軌道繞着行星運行的天體，本身不發光。

十八世紀二十年代，人們對地球的形狀還不是很清楚，多數天文學家都認為地球是赤道部分扁平、南北兩極隆起的橢圓形球體。而牛頓在《原理》中根據萬有引力理論提出，地球是一個兩極略為扁平、赤道地區微微隆起的橢圓形球體。

為了考證牛頓的理論，一七三五年和一七三六年，法國科學院組織了兩支遠征隊前往赤道地區進行大地測量，結果顯示，牛頓的理論十分正確。

萬有引力理論在天文學中最具代表性的驗證，是它預言了哈雷彗星的回歸。

《原理》的第三卷斷定了彗星是太陽系中的一種天體，它們的運行受到萬有引力定律的支配。哈雷在這種理論的啟發下，意識到太陽系中，有一些彗星會定期回歸到同一地點。

為了證實這個推論，哈雷開始了近二十年的研究。他翻閱了大量古籍、文獻，還有近代的天文資料，結果發現其中有一顆彗星以七十五年左右為一個周期，曾進行了多次回歸。一七〇五年，哈雷公開了自己的發現。他預言，在一七五八年底，或者一七五九年初，一定會出現彗星回歸現象。

事實證明了哈雷這個推斷是正確的，在哈雷去世了

十七年之後，即一七五八年的聖誕節，這顆彗星真的回歸了。科學家們都為之驚喜若狂，為了紀念哈雷，人們決定把這顆彗星命名為「哈雷彗星」。

另外，英國有兩位天文學家，還有德國兩位天文學家，也根據牛頓的理論，發現了太陽系裏的海王星。

越來越多人證實到《原理》一書是正確的，而《原理》中確立的萬有引力定律，為人類找到了揭穿「天體運行之謎」的「金鑰匙」。幾個世紀以來，天文學家對很多宇宙天體運動的現象，都能作出圓滿的解釋和準確的預測。

在完成了《自然哲學的數學原理》一書之後，牛頓走向了政界。導致這一變化的，是發生在一六八七年的「奧爾本事件」。

相信大家都還記得前面提過的英國國王查理二世。查理二世大力支持科學發展，在他統治期間，英國的科學事業發展得如日中天。皇家學會和**格林威治皇家天文台**，都是他在位時創建的。一六六六年發生倫敦大火，

知識門

格林威治皇家天文台：

建於1675年，位於英國倫敦，是世界著名的皇家天文台。

造成嚴重破壞，他有規劃地組織重建工作，因而有頗高的民望。但不幸的是，一六八五年二月，他突然患腦溢

血逝世。

這樣一位受民眾愛戴的君主辭世，舉國上下一片悲哀。查理二世死後，皇位由他的弟弟**詹姆士二世**繼任。詹姆士二世性情暴戾，為人魯莽固執。他一上台，就實施高壓統治政策，欺壓民眾，對持不同政見者採取殘酷鎮壓手段。詹姆士二世還是一個狂熱的天主教徒，他想將政權和神權集於一身，以實現他的專制統治。於是，他開始實行一個強制性措施，將那些不信奉天主教的政府官員撤換掉，政府的文武官員將全部由天主教教徒擔當。

詹姆士還將這個做法伸延到校園裏，他將矛頭指向了劍橋大學。他命令劍橋大學將文學碩士的學位授予一位名叫奧爾本‧弗朗西斯的天主教神父，並要求校方讓奧爾本進入大學理事會。

授予碩士學位，這是一件多麼嚴肅認真的事，豈能說給就給、隨意頒授？還有，大學理事會所有成員都是教育界、學術界的精英，又怎可以容納這樣一位不學無術的奧爾本！

知識門

詹姆士二世：
1633-1701年，英國國王（1685-1688年在位），是最後一位羅馬天主教統治者。他實施專制法律、政策，削減各部門權力，因而不受歡迎，最終在「光榮革命」中被荷蘭執政者威廉三世趕下台。

　　劍橋大學為了維護大學的神聖，以副校長潘切爾為首的校方管理層，堅決反對詹姆士二世的做法。詹姆士二世認為自己的權威受到了挑戰，不禁暴跳如雷，便下命皇家高等法院，無論如何都要教訓一下這些不聽話的學者。

　　皇家高等法院**傳訊**①了潘切爾。劍橋大學評議會派了八個人陪同潘切爾前往法庭，牛頓也是代表之一。

　　法庭裏肅穆的氣氛令人震懾，代表們都沉默着，潘切爾在申訴學校的立場時，也顯得有些膽怯。因此，審判長的態度更加囂張，不但大聲阻止校方代表發言，還當場宣布解除潘切爾的副校長職務。形勢對劍橋大學極為不利。

　　這時，一直默不做聲的牛頓站了起來，他以平靜的口吻説：「不知道審判長讀過大學憲章沒有？」

　　審判長垂下眼簾，看也不看牛頓，傲慢地説：「當然讀過。」

　　牛頓不慌不忙地説：「那審判長就應該知道這一點，凡是獲得劍橋碩士學位的人，必須宣誓效忠大學。如果他拒絕宣誓，那麼他只能獲得一個名譽碩士學位，

————————————————————————

① **傳訊**：法院或司法機構傳喚與案件相關的人，接受審訊問話。

而有名譽碩士學位的人，是無權在劍橋大學理事會任職的。」

審判長登時目瞪口呆。劍橋大學憲章是經皇室批准的，誰也不能輕易更改。如果奧爾本宣誓効忠大學，那麼他就失去了對天主教的忠誠；但如果不這樣做，他將無法獲得碩士學位。

牛頓見審判長一言不發，又向他提出了一個疑問：「潘切爾副校長只不過是為了維護神聖的大學憲章，如果法庭因此而罷免他的職務，是否有失公正？」

審判長無話可說，只好暫時休庭。

這件事的結果，是奧爾本選擇了他的宗教和神權，不得不放棄碩士學位和進入劍橋理事會的權利。這件發生在皇家高等法院的審判事件，最終以劍橋大學取得勝利而告終。

「奧爾本事件」的第二年，詹姆士二世在一次宮廷政變中被趕下台，他的次女安妮上台，成為安妮女王，國家的一切又重回正常軌道，宗教自由和學術自由重新得到了維護。

牛頓在「奧爾本事件」中，為維護學術自由和劍橋的利益作出了重大的貢獻，因而獲劍橋大學評議會推舉為國會議員。

其實牛頓的性格並不適合擔任政界的工作，他在當議員的一年裏，幾乎都保持着沉默，從未發表過任何演說。在一次議會上，議員們正熱烈地發言，激烈地爭論着。忽然牛頓站了起來，全場頓時鴉雀無聲，大家都準備靜聽牛頓的發言，可是他只說了句：「請將對面的窗戶關好。」

曾有人這樣說：「在默默無聲的議員當中，牛頓以他那突出的額頭和沉着的表情，表現了維護學術自由、宗教自由的強硬態度。」

想一想

1. 《自然哲學的數學原理》一書對科學有什麼重大貢獻？

2. 為什麼牛頓會當上國會議員？

十 爵士學者

　　一六八九年六月，牛頓收到來自伍爾索普的信，是妹妹哈娜寄來的，她告訴牛頓一個不幸的消息：母親漢娜病重。

　　前些日子，弟弟傑明患了熱病，母親日日夜夜守在弟弟身邊，自己也不幸病倒了。

　　牛頓馬上扔下一切工作，連夜趕回伍爾索普。但他趕到家裏時，母親已經是奄奄一息了。牛頓把母親的手握得緊緊的，哽咽着說：「媽媽，我回來了！」

　　漢娜見到牛頓，那雙無神的眼睛閃出了一點亮光，嘴角也露出了一絲微笑。她為自己有這麼一個天才兒子而感到驕傲。雖然她向來與牛頓聚少離多，但在她心底裏，始終是最痛惜這個大兒子的。不管是小時候孱弱的小男孩牛頓，還是長大以後那個聲名顯赫的學者牛頓，在她心目中的分量，都是一樣重的。她珍藏着兒子寄給她的每一封信，兒子的每一點成績、每一個進步都是她的驕傲，令她覺得這一輩子沒有白過。

　　此刻，她握着兒子的手，只覺得一股暖流一直傳到

了她的心裏，她臉上露出了燦爛的笑容，她已經別無遺憾了。

牛頓日夜守在母親的病榻旁，餵藥送水，侍奉周到，但這都沒能挽回漢娜的生命。不久，漢娜便去世了。

母親的去世，對牛頓來説是一個重大的打擊。他常常責備自己，總覺得自己對不起母親。母親操勞一生，自己卻一直沒能讓她過上優裕安逸的生活，也沒有很多時間陪伴在母親身邊，內心的悔疚使牛頓痛苦不堪。

牛頓回到劍橋後，仍終日精神恍惚。有一天，他正在埋頭撰寫有關光學方面的書。由於臨時有點事，他忘記熄滅桌上的燭火就出門了。當他辦完事回到家時，發現房間裏起火了，火舌正惡狠狠地舔食他的手稿及許多珍貴資料！他大吃一驚，一邊撲救，一邊大叫：「來人啦，來人啦，快來救火！」

可是，已經來不及了，牛頓眼睜睜看着自己多年的心血化為灰燼。

牛頓望着那堆灰燼，呆呆地坐了半天，不管親友們怎樣勸他，他都聽不進去。

母親去世，加上多年的心血被焚毀，這一連串的打擊，使牛頓生病了。他常常失眠，幾天幾夜不能入睡，又變得健忘，精神狀態很糟糕。幸好，過了一段時間

後，他就康復了。

　　一六九六年，牛頓大學時的同學兼好友、財政大臣蒙塔古誠邀他出任皇家鑄幣局督辦。

　　當時在英國，金幣和銀幣都是合法流通的貨幣，但早就由於使用的年限和鑄幣材料的問題，使貨幣本身的金銀含量降低，已經貶值不少。特別是因為這種貨幣的邊緣沒有滾刻的花紋，所以經常有人從錢幣上面偷偷刮些金銀下來，這樣，貨幣就變得越來越殘缺。有見及此，英國國會通過了鑄造新的錢幣來代替舊幣的方案。於是，貨幣改造問題，就成為了當時英國最急切解決的問題。蒙塔古深知牛頓向來有科學頭腦，做事又認真負責，便委托牛頓擔負這一重任。

　　鑄幣局督辦一職很重要，而且薪酬很高，許多人都很羨慕牛頓，但牛頓並不是來享受這個職位的。他將鑄幣這件事，和他以往所做的科學研究一樣認真對待，很快便提出了一個切實可行的方案。之後，他用了三年的時間，運用他的冶金知識，為英國鑄造了成色十足的錢幣，完成了全國貨幣更新計劃，比原先預計的時間大大提前了。

　　由於這次任務十分成功，成績顯著，牛頓獲提升為鑄幣局局長。

自從牛頓負責鑄幣工作之後，人們都擔心，牛頓是否從此就不參與科學研究呢？事實證明，牛頓並沒有放棄他的研究工作，他的數學能力和科學頭腦仍然保持在高水平。

一六九六年六月，著名數學家本里在報章上公開提出了兩道數學難題，向全世界的數學家挑戰，並限定在六個月內答覆。

這則消息在報上刊登了半年多後，有一天牛頓的僕人無意中看到了這張舊報紙，就把這件事告訴了牛頓。牛頓看完報紙後，走進了書房。第二天一早，牛頓把兩個問題都解決了，他把答案裝進了信封，叫僕人寄給本里。雖然那封信是匿名的，但本里一眼就看出了牛頓的手筆，叫道：「我一眼就認出了獅子的利爪！」

一六九九年，牛頓用科學方法擬定了一種革命性的修正**曆書**的方法，根據這方法可以推算春分、秋分、夏至和冬至的日期。

知識門

曆書：
按照一定曆法，排列年、月、日、時、節氣等供查考的書。

一七〇〇年，牛頓又發明了六分儀，並將它的原理告訴了哈雷。六分儀是航海與測量上不可缺少的工具，但當時沒有人能了解它的價值，因此並沒有引起重視。直到牛頓死後第三年，即一七三〇

年，才由英國航海家約翰・哈特勒重新發明出來。

一七〇一年，牛頓發表了一篇有關熱學的論文，也就是所謂的「牛頓冷卻定律」。這個法則不但在物理學上貢獻很大，而且在冶金學上也非常重要。

由於牛頓在科學上的非凡貢獻，一七〇三年十一月，他獲委任為皇家學會的會長。

一七〇四年，牛頓更以另一科學論著《光學》，在學術界引起了轟動。《光學》一書的手稿曾在一六九〇年被焚毀，它能再次成書，完全有賴牛頓頑強的毅力。

《光學》的全名是《光學或光的反射、折射、彎曲與顏色的論述》，全書分三篇，第一篇記載了有關光譜的一些實驗，第二篇談論薄膜的顏色，第三篇討論衍射現象和雙折射現象。這本書總結了牛頓多年來對光學的研究成果，它對後人有很大的啟發，在科學上的影響遠遠超出了光學領域。

一七〇五年，安妮女王為了表彰牛頓在科學研究和擔任政府公職等方面所取得的成就，授予他爵士頭銜，牛頓成為了英國歷史上首位獲封爵的科學家。此時，牛頓的聲望遍及整個英國社會，他已成為一位在科學和政界都擁有顯赫地位的學者。

想一想

1. 牛頓怎麼會轉到鑄幣局工作？他是以怎樣的態度來對待這份工作的？

2. 牛頓加入鑄幣局之後，是否就從此退出了科學研究工作？試舉例說明。

十一　永恆的牛頓

　　科學家並不是「超人」，天才還需從勤奮中來。牛頓之所以取得如此巨大的成就，是與他幾十年如一日的努力分不開的。尤其是他在劍橋大學工作的三十五年間，他沒有星期天，沒有節日、假期，每天工作十七、八個小時以上。他時常為了研究一個課題，在實驗室裏一連工作幾天不休息，連吃飯也得讓人送進去。

　　他的助手就說過：「我從未見過他有什麼娛樂或消遣，不管是散步，還是做體育運動。他總認為，時間如果不用在學問上，便是過錯。」牛頓的勤勞，由此可見一斑。

　　有人問牛頓：「你究竟用什麼方法研究出這麼多發明呢？」

　　他謙虛地回答道：「我沒有什麼方法，只不過對一件事情，總是花很長的時間、很熱心地去考慮罷了。」

　　是呀，牛頓正是以忘我的精神從事艱辛的科學研究，才取得了這樣超羣絕倫的成就。

　　一次，牛頓請一位老朋友吃飯，飯菜都上桌了，這

時，牛頓說：「我去拿瓶酒來慶祝慶祝。」說完就急忙走進房間。可他一進去就半天不出來，朋友坐在飯桌前左等右等，好不着急。推門進去一看，原來牛頓正在聚精會神地做實驗！

牛頓不太在意自己的生活細節，甚至是馬虎應對。他有時吃飯的時候想着一個什麼問題，就放下正吃着的麵包，跑進書房裏，一進去就迷在裏頭，不願出來了。早上起牀後，他穿衣服時只穿了一隻衣袖，就坐在牀邊呆呆地思考問題。

有一天，他坐在火爐旁邊專注地思考問題，他的思想是那樣的集中，以至他的右肘衣袖被燒着了也沒發覺。幸好僕人聞到焦糊味，及時跑來給他撲滅衣袖上的火，否則，後果就不堪設想了。

牛頓將自己的所有時間都獻給了科學研究，以致他一生都沒有結婚。晚年時，他一直和外甥女凱瑟琳夫婦住在一起。凱瑟琳是一位能幹又活潑的女子，她們一家給晚年的牛頓帶來了不少的歡樂，令牛頓嘗到了久違的家庭溫暖。

晚年的牛頓，處處受人尊重，他的名字已為全世界人所熟悉，但他卻一點也不驕傲自大，而是一如既往地寬厚待人，一如既往地默默進行他的學術研究。

一七二二年，年近八十的牛頓患了疾病，但他並沒有就這樣躺倒在牀上，他仍然用盡所有精力，在最後的歲月裏，為人類的科學事業作最大的貢獻。

一七二七年二月二十八日，牛頓來到英國皇家學會，主持了他人生中最後的一次會議。三月二十日凌晨，八十五歲的老人牛頓，在為這世界留下了卓絕貢獻之後，在睡夢中安然逝世。

為了向這位卓越的科學家表示最高的敬意，英國政府為牛頓舉行了隆重的國葬，由兩位公爵、三位伯爵和大法官扶靈，將棺木送到倫敦的西敏寺教堂。

西敏寺教堂是英國君主和皇室成員的安息之地，而牛頓是第一位獲准許安葬在這裏的學者。

亞歷山大教皇親自替牛頓撰寫碑文，碑文中說：「自然跟自然規律都隱藏在黑暗之中，上帝說：讓牛頓來點亮他們吧！」

牛頓雖然已經離開我們有近三百年之久了，但作為經典力學體系的締造者和經典物理學的奠基者，牛頓的理論一直對科學發展和人類思想的進步產生着深刻的影響，對現代科技也起着指導性的作用。

牛頓一生中為人類作出了重大貢獻，但他卻永遠保持着那份謙虛。他曾經這樣說：「我不知道世人用什麼

眼光看我，我只覺得自己像個在海灘上戲水的孩子，偶爾撿到一顆晶瑩美麗的貝殼，就會高興得大喊大叫。可是，對於面前那一片浩瀚無垠的大海，卻一無所知，而那裏才是真理的真正所在。」

想一想

1. 怎樣可以看出牛頓是一個勤奮的人？說說看。

2. 牛頓去世後，英國政府用什麼禮遇來為他舉行葬禮？為什麼？

生平大事年表

公元	年齡	事　件
1642年	／	12月25日，出生於英國林肯郡的伍爾索普村莊。
1645年	3歲	母親改嫁，由外祖母撫養。
1649年	7歲	入讀小學。 自行製造日晷、水車。
1654年	12歲	入讀格蘭薩姆鎮的中學。
1656年	14歲	繼父去世，牛頓輟學回家幫忙。
1658年	16歲	重返格蘭薩姆鎮的中學讀書。
1661年	19歲	考進劍橋大學。
1665年	23歲	獲學士學位，攻讀碩士學位。 發現「二項式定理」。 鼠疫嚴重，學校停課，牛頓回鄉暫避。
1666年	24歲	創立微積分、光譜表。 發現「萬有引力」。
1667年	25歲	重返劍橋大學。

公元	年齡	事　件
1668年	26歲	獲碩士學位。 發明反射式望遠鏡。
1669年	27歲	擔任盧卡斯數學講座教授。
1672年	30歲	成為英國皇家學會會員，發表論文《關於光和色的新理論》。
1684年	42歲	撰寫《自然哲學的數學原理》。
1687年	45歲	《自然哲學的數學原理》正式出版。
1689年	47歲	獲選為國會議員。 母親去世，牛頓大受打擊。
1696年	54歲	出任皇家鑄幣局督辦，三年後升任皇家鑄幣局局長。
1703年	61歲	任皇家學會會長。
1704年	62歲	寫成《光學或光的反射、折射、彎曲與顏色的論述》一書。
1705年	63歲	獲封爵士。
1727年	85歲	3月20日凌晨去世，獲舉行國葬。

牛頓老師的科學課

牛頓畢生致力研究科學，提出了不少科學理論和學說，當中有很多例子都在我們的日常生活裏隨處可見。試跟從牛頓老師學習科學知識，了解一下他提出的三大運動定律吧！

牛頓第一運動定律

物體在不受外力的情況下，會保持靜止或勻速直線的運動狀態。也就是説，如果沒有受到其他因素影響，靜止的物體會保持靜止。而運動中的物體，如果沒有外力影響，或者外力的影響為零，則會以同樣的方向和速度來保持運動狀態。這定律又叫「慣性定律」。

舉例説，我們乘車時，身體和車輛原本處於靜止狀態，當車輛向前行駛、改變靜止狀態時，由於我們的身體受慣性影響，仍然保持靜止狀態，便使我們的身體變成向後傾斜了。

另一方面，汽車行駛時，我們的身體跟隨車子向前移動，這時車子和我們的身體就是「運動中的物體」。如果遇上刹車，車子移動的速度減慢，但我們的身體仍然保持向前移動，於是我們的身體變成向前傾了。

牛頓第二運動定律

$$F = ma$$

F是作用力（外力），m是物體質量，而a是加速度。這定律又叫「加速度定律」，在這條定律下，物體受到外力影響時，會出現以下兩點：

1. 物體受作用力的方向，與物體移動的方向相同。例如我們要推動一部超市的購物車，如果用力（作用力）把車子向前推，車子就會跟着向前移動，方向一樣。

2. 物體的加速度a和作用力F成正比，但與物體質量m成反比。例如我們推動購物車的力量（作用力）越大，購物車移動的速度越快；推動購物車的力量越小，購物車移動的速度越慢。此外，購物車裏的東西（物體質量）越重，購物車移動的速度就越慢。所以説，如果購物車裏的東西（物體質量）越輕，購物車移動的速度就越快，而我們就可以用少點力來推車了。

牛頓第三運動定律

兩個物體之間互相作用時，會產生作用力和反作用力，這兩種力的大小相同、方向相反，而且是在同一直線上的。這定律又叫「作用力與反作用力定律」。

例如火箭發射時，向下噴出氣體（作用力），這氣體就產生反作用力，推動火箭垂直地向上升。

　　又如我們用手敲打牆壁，手把作用力施加到牆壁上，牆壁也會產生反作用力到我們的手上，於是我們的手會感到痛。

創意寫作

　　不少人都玩過「水火箭」，原來這當中運用了牛頓的第三運動定律。試了解水火箭的製作方法、運作原理等等，然後寫一封信給牛頓，跟他分享「水火箭」的相關知識，也可說說你製作或發射水火箭的經驗和感受。